Trudi Thali

Die Offenbarung des Johannes

Trudi Thali

Die Offenbarung des Johannes

Der spirituelle Weg aus
persönlicher und globaler Krise

Verlag Hermann Bauer
Freiburg im Breisgau

Die Deutsche Bibliothek – CIP-Einheitsaufnahme

Thali, Trudi:
Die Offenbarung des Johannes : der spirituelle Weg
aus persönlicher und globaler Krise / Trudi Thali. –
1. Aufl. – Freiburg im Breisgau : Bauer, 1998
   ISBN 3-7626-0571-8

Das auf dem Cover abgebildete Motiv zeigte sich der Autorin, als
sie auf der Insel Patmos die Höhle aufsuchte, in der Johannes
seine Visionen hatte. (Siehe auch S. 9)

1. Auflage 1998
ISBN 3-7626-0571-8
© 1998 by Verlag Hermann Bauer KG, Freiburg im Breisgau
Das gesamte Werk ist im Rahmen des Urheberrechtsgesetzes
geschützt. Jegliche vom Verlag nicht genehmigte Verwertung ist
unzulässig. Dies gilt auch für die Verbreitung durch Funk,
Fernsehen, photomechanische Wiedergabe, Tonträger jeder Art,
elektronische Medien sowie für auszugsweisen Nachdruck.
Einband: Ralph Höllrigl, Freiburg im Breisgau,
unter Verwendung eines Gemäldes von Trudi Thali
Satz: Fotosetzerei G. Scheydecker, Freiburg im Breisgau
Druck und Bindung:
Freiburger Graphische Betriebe, Freiburg im Breisgau
Printed in Germany

Inhalt

Vorwort 7

Einführung
Bewußtseinswandel im Lichte der Offenbarung 15
Die Entfaltung des Lichtkörpers 20
Die kosmische Ordnung der Sieben und die Chakras 26
Die sieben Entwicklungsstufen 29

Die Offenbarung des Johannes
Das einleitende Gesicht 34
Gesicht über die Gegenwart 40
Die sieben Sendschreiben 40
    Nach Ephesus 40 · Nach Smyrna 42 · Nach Pergamus
    43 · Nach Thyatira 45 · Nach Sardes 47 · Nach Phila-
    delphia 49 · Nach Laodizea 51
Gesicht über die Zukunft 54
Die sieben Siegel 54
    Himmlisches Vorspiel 54
    Das Gesicht vom Thronenden 54 · Das Buch der Rat-
    schlüsse Gottes 58 · Huldigung und Lobpreis 61
    Öffnung der ersten sechs Siegel 64
    Die Entsiegelung des Buches 64 · Verfolgung der Gläubi-
    gen 67 · Erschütternde Naturereignisse 68
    Himmlisches Zwischenbild 71
    Die Auserwählten 71 · Die Heiligen vor Gott 74
    Öffnung des siebten Siegels 76
    Vorbereitung neuer Plagen 76
Die sieben Posaunen 80
    Die ersten sechs Posaunen 80

— 5 —

Die ersten vier Posaunen 80 · Die zweite Posaune 81 · Die dritte Posaune 82 · Die vierte Posaune 83 · Die fünfte Posaune 85 · Die sechste Posaune 88

Zwischenbilder 90
Das offene Büchlein 90 · Die zwei Zeugen 96

Die siebte Posaune 99

Die christusfeindlichen Mächte 102
Frau und Drache 102 · Besiegung des Drachen 105 · Verfolgung und Rettung der Frau 107 · Das Tier aus dem Meere 109 · Das Tier von der Erde 112 · Das Gefolge des Lammes 115 · Ankündigungen des Gerichtes 118 · Gerettete und Verworfene 120

Die sieben Zornschalen 125
Vorspiel im Himmel 125

Die Ausgießung der Schalen 129
Die erste Schale 129 · Die zweite Schale 131 · Die dritte Schale 131 · Die vierte Schale 133 · Die fünfte Schale 134 · Die sechste Schale 135 · Die siebte Schale 138

Die großen Endereignisse 141
Das Bild der Buhlerin 141 · Die Deutung des Bildes 143 · Vollzug des Gerichtes über Babylon 145 · Die großen Klagen 147 · Sinnbild des Gerichtes 149 · Siegesfeier im Himmel 150 · Vollzug des Gerichtes über den Antichrist 155 · Der Drache im Abgrund 158 · Tausendjähriges Reich 159 · Vernichtung der Satansmacht 160 · Auferstehung und Endgericht 161

Die himmlische Vollendung 163
Neuordnung der Schöpfung 163 · Das himmlische Jerusalem 167 · Seligkeit der Heiligen 170 · Bestätigung des Buches 173

Meditation 177
Weg zum inneren Licht 177

Gebete und Perlenlieder 181
Abbildungen 181
Quellennachweis 182
Literatur 183

Vorwort

Die geheime Offenbarung des Johannes bildet den letzten Abschnitt des Neuen Testamentes. Da es eine Beschreibung einer Endzeit ist, gilt dieser Bibelteil als apokalyptischer Text. Im Jahre 95 n. Chr. wurde der Lieblingsjünger von Jesus, der Apostel Johannes, von einer gewaltigen Vision erfaßt, in der ihm himmlische Freuden und irdische Nöte gezeigt wurden. Erstaunlicherweise sind es bei genauerem Hinsehen Bilder unserer Zeit.

Johannes muß bereits hoch betagt gewesen sein, als er unter dem römischen Kaiser Domitian im Jahre 94 n. Chr. auf die Insel Patmos verbannt wurde, nachdem er über längere Zeit in Ephesus gewirkt hatte. In einer vulkanischen Höhle, die heute noch ein sehr beliebter Pilgerort ist, hatte er angeblich Schutz gefunden. Die Vision der Apokalypse soll so gewaltig gewesen sein, daß die Felswand der Höhle einen Riß bekam und der Apostel zu Boden geworfen wurde.

Diese Höhle ist heute noch ein wunderbarer, von Liebe erfüllter Kraftort. Eine Vertiefung in Bodennähe des Felsens zeigt, wo Johannes sein Haupt hingelegt haben soll. Eine weitere, kleinere Einbuchtung ist noch erkennbar, in der er sich mit der Hand aufstützen konnte, wenn er aufstehen oder niederknien wollte, was angesichts seines hohen Alters leicht verständlich ist.

Johannes war jedoch nicht allein. Er war in Begleitung eines Schülers, Prochoros, der ihm beistand und die großartigen Visionen aufschrieb. Prochoros war einer der sieben Diakone und wurde später Bischof von Nikomedia.

Der Name Johannes hat die tiefe Bedeutung »der in der Gnade steht«. Offenbar wirkte er Wunder über Wunder und überzeugte viele Einwohner der Insel von der Liebesbotschaft seines Meisters Jesus Christus. Später, als er wieder nach Ephesus zurückkehren durfte, mußte er wegen seines sehr hohen Alters von seinen Begleitern gestützt werden. Anscheinend konnte er aufgrund seiner Schwäche nur noch folgende Worte äußern: »Kindlein, liebet einander!« Er starb im Alter von fast 115 Jahren.

Viele Jahrhunderte lang war man der Überzeugung, daß das Evangelium dieses Apostels auf Patmos geschrieben wurde. Später wurde eine andere Meinung vertreten. Es gab damals tatsächlich zwei Mystiker, beide hießen Johannes und waren Theologen. Es herrscht heute noch Unklarheit, ob das Evangelium und die Apokalypse aus einer oder zwei verschiedenen Quellen stammen, doch betrachte ich es nicht als meine Aufgabe, hier Klarheit zu schaffen. Aussagen aus dem 2. Jahrhundert altkirchlicher Überlieferungen bezeugen, daß das Evangelium und die Apokalypse vom Apostel Johannes verfaßt wurden. Andere Forscher schreiben die Apokalypse einem Presbyter namens Johannes aus Ephesus zu.

Die apokalyptischen Visionen zeigen auf wunderbare Weise dramatische Korrekturen an einer von den geistigen Gesetzen entfernten, verirrten Menschheit. Eine reiche Bilder- und Seelensprache beschreibt die Dramatik der menschlichen Seele im irdischen Dasein, wie sie in der gnostischen Bewegung des frühen Christentums verbreitet war. Man betrachtete die Seele als göttlichen Lichtfunken, gefangen in der dichten Welt der Materie. Die Aufgabe des irdischen Lebens besteht nun darin, dieses Gefängnis, die Sinneswelt, zu überwinden und zurückzufinden in das göttliche Urlicht. Die irdische Erscheinungswelt – in der östlichen Mystik Maya genannt – steht der göttlichen Lichtwelt gegenüber.

Die Visionen weisen immer wieder auf die Ordnungszahl Sieben hin, die im ganzen Kosmos, aber auch als Analogie im Menschen, wesentliche Sphärenwelten darstellt. Einen Bezug zu den sieben Energiezentren oder Chakras des feinstofflichen Körpers des Menschen herzustellen drängt sich geradezu auf, denn kosmische Gesetze wirken in Analogien. Die sichtbare Sinneswelt richtet sich nach geistigen Gesetzen aus. Der Mensch lebt und bewegt sich in der geistigen und in der materiellen Welt. Kosmische Gesetze kennen keine Trennung zwischen Religionen, sie wirken überall gleichermaßen.

Als ich die griechische Insel Patmos und die Höhle der Apokalypse besuchte, spürte ich eine tiefe Ruhe und eine starke Liebesenergie. Ich bat Johannes um ein Zeichen, um die Verantwortung, die ich durch die Veröffentlichung dieses Buches auf mich nehme, leichter tragen zu können. Danach öffnete sich mein Drittes Auge. Ich sah in der Mitte des Bildes die ausgebreitete oder geöffnete Blüte einer Rose. Daraus flossen vier Lichtstrahlen diagonal in alle Richtungen. Ich bin sehr dankbar und glücklich über diese liebevolle Zuwendung und betrachtete es als Aufmunterung. Aus tiefstem Herzen wünsche ich, daß auch Sie die Energie der Liebe spüren werden, die aus der lichtvollen Sphäre des Schöpfers auf Sie zuströmt.

Die Texte der Offenbarung habe ich wörtlich dem Buch *Das Neue Testament* entnommen (übersetzt von P. Johann Perk, Benziger Verlag, Einsiedeln 1948). Am biblischen Text habe ich nichts geändert. Den jeweiligen Abschnitten habe ich meine Gedanken, Inspirationen und Erkenntnisse hinzugefügt. Ich hoffe, damit einen Beitrag zum besseren Verstehen für die bevorstehende Reinigung und tiefgreifenden Veränderungen zu leisten. Es ist ein Aufruf, nach innen zu gehen, in der Stille der Meditation das Äußere immer mehr loszulassen, und die Verbindung zum göttlichen Licht der Liebe herzustellen. Die spirituelle Entwicklung wird für die kommende Zeit von größter Wichtigkeit sein.

Jedem Leser möchte ich empfehlen, meditativ in die Bilder einzutauchen. Wenn nur das Vordergründige betrachtet wird, wirken die Bilder angsteinflößend. Sie können mit rationalem Denken nur teilweise verstanden werden. Der Verstand muß von Weisheit und Intuition ergänzt werden, dann öffnet sich die Sicht hinter die Bilder und man versteht die Sprache der Symbole oder der Gleichnisse. Doch dieses ganzheitliche Denken fällt dem heutigen Menschen oft recht schwer. Wenn es gelingt, öffnet sich im wahrsten Sinn des Wortes der Himmel auf Erden. Deshalb sind diese apokalyptischen Bilder nicht nur Bilder einer umfassenden Reinigung von allem, was sich entfernt hat von der göttlichen Ordnung – sie zeigen auch den eigenen seelischen Entwicklungsweg, den Weg zum inneren Licht.

Die Bilder der Apokalypse haben manche Künstler vieler Jahrhunderte inspiriert. Viele Darstellungen von namhaften Künstlern aus dem 16. Jahrhundert beeinflußten nachhaltig ganze Epochen. Es sind großartige Kunstwerke, die den damaligen Zeitgeist spiegeln. Sie wirken also oft beängstigend, denn sie stellen das Vordergründige dar, und dem Betrachter fällt es schwer, sich in die Symbolik einzuschwingen. Die symbolische Sprache der Seele kann nur in meditativer Versenkung gelernt werden, wenn rationales Denken ausgeschaltet wird. Je mehr es gelingt, in aller Stille in das tiefe Innere einzutauchen, desto größer ist die Fülle von Erkenntnissen einer großartigen kosmischen Welt des Geistes – ein lichtvoller Hintergrund, der sich in allem Irdischen spiegelt.

Die neue himmlische Ordnung wird vor uns ausgebreitet. Das *himmlische Jerusalem* ist bereits mitten unter uns. Es ist eine feinstoffliche Ebene, an der der erwachte Mensch auf wundersame Weise teilnimmt und reich beschenkt wird.

Die unendliche Dimension des göttlichen Lichtes entgleitet allerdings jedem Vorstellungsvermögen. Es liegt in der Natur der Dinge, daß das Kleine das Große enthält. In jeder menschlichen Zelle ist das Muster des ganzen Menschen eingeprägt, und der Mensch ist ein Abbild eines größeren Musters. Es sind die geistigen Gesetze eines unvorstellbaren großen Lichtes. Wie die Sonne alles Leben auf der Erde entstehen läßt, wirkt das Himmelslicht in der ganzen Schöpfung. Was im Großen geschieht, vollzieht sich bis in die kleinste Zelle. Die Offenbarung des Johannes zeigt auf eindrückliche Weise, wie die himmlischen Ordnungskräfte oder Engelwesen sowohl in den unsichtbaren geistigen Ebenen als auch in der irdischen Welt gleichermaßen wirken. Wesentlich scheint mir die Erkenntnis, daß der Mensch alle Dimensionen – Licht und Materie – in sich vereint.

Ich erhebe keineswegs den Anspruch, alle Visionen, die einen Einblick in die große himmlische Ordnung schenken, zu verstehen. Doch möchte ich Ihnen neue Denkanstöße geben, die sich wie kleine Mosaiksteinchen zu einem neuen Bild des nun erwachenden Christus-Bewußtseins zusammenfügen. Ein jeder spürt in sich selbst die Veränderungen des Empfindens, des Fühlens und des Denkens. Überlassen wir uns dem göttlichen Strom der Liebe und des Lichtes!

Einführung

Bewußtseinswandel
im Lichte der Offenbarung

In keiner anderen Epoche ahnte die Menschheit mit Besorgnis, daß große, globale Veränderungen ein bedrohliches Ausmaß annehmen können – Veränderungen, die kein Mensch mehr aufzuhalten vermag. Keiner Epoche entsprachen die Visionen des heiligen Johannes, die er auf der Insel Patmos empfangen hatte, besser als dem ausgehenden 20. Jahrhundert. Sicher gab es früher auch schon Zeiten, in denen sich die Menschheit vor einem nahenden Ende gefürchtet hat. Doch nie waren die Gefahren der Technik, der großen klimatischen Veränderungen und einer zunehmend geschädigten Umwelt oder Lebensbasis so klar zu erkennen wie heute.

Die Sorge um die Umwelt kann uns aber nicht darüber hinwegtäuschen, daß die eigentliche tiefere Bedeutung der Visionen einen geistigen Weg darstellt. Die Botschaft der geschauten Bilder öffnet das Bewußtsein für einen dramatischen seelischen Einweihungsweg. In Symbolen werden eindrücklich seelische Entwicklungsstufen dargestellt, die es bis zur Vervollkommnung zu durchschreiten gilt. Da aber das sichtbare Äußere ein Spiegelbild der Seele ist, kann es durchaus sein, daß auch in der äußeren Welt die ganze Dramatik des Zeitenwechsels zum Ausdruck kommt. Es scheint, als ob das neue Wassermannzeitalter des Uranus alle Schleusen geöffnet hätte. Keine Grenzen sind gesetzt, keine Richtlinien zählen mehr. Dunkle Kräfte wie auch helle fließen ins Bewußtsein der Menschen und finden je nach innerem Befinden oder Schwingungsfrequenz eine entsprechende Resonanz.

Die Menschen werden gedrängt, sich wieder der tieferen Dimensionen des Daseins bewußt zu werden und suchen vermehrt nach spirituellen Erkenntnissen und höheren Werten, nachdem über viele Jahre hinweg ein einseitiger Materialismus das Denken geprägt hat. Der kosmische Strom des Zeitgeistes drängt die Menschen, den spirituellen Weg zu beschreiten. Man sucht wieder nach dem tieferen Sinn des Lebens.

Das Fundament, diesen Weg des Lichtes zu beschreiten, bildet eine kontemplative Selbsterkenntnis. Sie ist die Grundlage jeglichen Fortschrittes. Durch Meditation und Stille wächst die Erkenntnis, daß eine geistige Energie die Ursache unseres Seins bestimmt. Die Suche nach dieser geheimnisvollen Ursache geschieht im stillen Hineinhorchen in das tiefste Innerste und ist niemals außerhalb zu finden. Auf diesem spirituellen Entwicklungsweg werden die eigenen Fehler entdeckt, und diese gilt es, loszuwerden. Der Spiegel wird fortwährend in allen Begegnungen vorgehalten. Erst wenn die Grundhaltung von einer solchen Liebe bestimmt wird, daß alle Menschen als gut betrachtet werden können und nichts mehr als störend und ärgerlich befunden wird, ist der Mensch auf dem Weg des Lichtes. Immer mehr wird erkannt, daß ein Leben ohne Verbindung zum göttlichen Urgrund wie ein Bild ohne Inhalt ist. Das allerhöchste Glücksgefühl des Menschen entsteht dann, wenn er spürt, daß die Verbindung zur göttlichen Ebene da ist und Liebe aus dieser Ebene zufließt. Ein Zeichen oder eine Vision sind die höchsten Erfahrungen, die ein Mensch erleben kann und bleiben unauslöschlich im Bewußtsein erhalten.

Die Visionen des Johannes zeugen vom damaligen Zeitgeist, ein vom Christus-Licht und von Weisheit durchströmten Bewußtsein. Die Durchdringung des Heiligen Geistes war überall spürbar und bewirkte eine tiefe Verwurzelung in der geistigen Welt. Das Metaphysische hatte in den ersten Jahrhunderten nach Christus eine viel größere Bedeutung als das Physische.

Die Botschaft der Visionen richtet sich an die ganze heutige Menschheit. Fehlhaltungen, die gegen die geistigen Gesetze verstoßen, werden aufgedeckt. Die Bedrängnisse unserer Zeit sind wie Geburtswehen einer neuen Bewußtseinsebene. Hinter allem wirkt ein lichtvoller Urgrund, und in jedem Menschen ist der göttliche Funken eingelegt. Obwohl die Namen für das schöpferische Licht verschieden sind, fließt es immer aus der gleichen Quelle.

Die Offenbarungen des Johannes schenken einen neuen Einblick in die kosmischen Gesetze – einer großen himmlischen Ordnung. Die himmlische Ordnung hat ihre Entsprechung im Irdischen. Die Entfernung von der eingesenkten Ordnung in der Natur oder im Lebensstil der Menschen wird von der Höheren Ordnung immer wieder ins Gleichgewicht gebracht. Die Endzeitbeschreibung oder Apokalypse ist als kompromißloser Reinigungsvorgang zu betrachten, der alle Ebenen des Daseins erfaßt, denn die physische Ebene, Natur und Lebewesen formen sich nach dem geistigen Gesetz einer alles durchströmenden kosmischen Intelligenz – einer unsichtbaren Lichtenergie.

Heute strömt religiöses Wissen aus alten und neuen Zeiten, aus aller Welt zusammen und formiert sich neu. So stammen einige Gedichte in diesem Buch, die zum besseren Verständnis der geheimen Offenbarung beitragen, aus den erst in diesem Jahrhundert gefundenen Schriften des Urchristentums. Damals wurden viele religiöse Bewegungen, wie die der Gnostiker, von Kirche und Kaiser verfolgt und verboten. Zu jenen kostbaren Funden des Urchristentums gehört auch das Thomas-Evangelium. Aus einer dieser frühchristlichen Gruppierung stammen einige in diesem Buch ausgewählten Gedichte. Sie sind aus einer Auswahl manichäischer Texte des 3.–8. Jhdts. n. Chr. entnommen. »Perlenlieder« werden diese kraftvollen Zeugnisse der Seele genannt. Sie beschreiben die Seele als Gottesfunken, die sich von den Mächten der Täuschung in die ursprüngliche Ordnung des Lichtes zurücksehnt. Die Gedichte tragen maßgebend zum besseren Verständnis der geheimen Offenbarung des Johannes bei.

Die kraftvollen Gebete von White Eagle haben eine tiefe geistige Verbundenheit mit den Botschaften des Johannes. White Eagle heißt übersetzt »weißer Adler« und zeugt mit den liebevollen Botschaften der *Weißen Bruderschaft* aus der geistigen Welt für das Wiedererwachen des Johannesgeistes in unserer Zeit. Der Apostel Johannes hatte den Adler als symbolisches Krafttier.

Aber auch die tiefen Weisheiten des Buddhismus, Hinduismus und Taoismus bleiben uns nicht länger verschlossen. Sie bereichern unser religiöses Wissen und tragen dazu bei, die tiefen Geheimnisse der Bibel wieder besser zu verstehen.

Das Bewußtsein der Menschen unterzieht sich heute einer großen Wandlung. Wie damals ist auch heute wieder eine starke Durchflutung des Christus-Lichtes im Herzen der Menschen spürbar. Damals war es der nachwirkende Christus-Geist, und heute ist es die Wiederkunft des Christus-Geistes. Die göttliche Welt wird nicht mehr nur durch Glauben, sondern vermehrt durch inneres Wissen erlebt. Inneres Wissen entsteht durch eine verfeinerte Wahrnehmung und eine verstärkte Sensibilität.

Zum inneren Wissen gehört die Erkenntnis, daß der Mensch ein Abbild des ganzen Kosmos ist. Er trägt den Himmel und die Erde in sich. Der Himmel enthält die göttliche Seinsebene und die Erde die körperliche Ebene. Licht und Dunkelheit wirken zusammen. Die Kraft des Geistes durchströmt den irdischen Körper. Der Mensch lebt in beiden Sphären, doch das Bewußtsein des geistigen Urgrundes ist unbegrenzt. Alle schöpferischen Manifestationen des göttlichen Lichtes zeigen sich als zwei bewegende und sich ergänzende Pole. Das menschliche Leben spielt sich ab zwischen Licht und Schatten, Hell und Dunkel oder Gut und Böse. Die alten Chinesen bezeichneten die beiden Grund-

kräfte des Lebens als Yin und Yang. Beide Energien ergänzen einander, und eine Höhere Intelligenz bewirkt einen
harmonischen Ausgleich der beiden in allem wirksamen
Kräfte. Yang ist hell, warm, verströmend und aktiv. Yin ist
dunkel, kalt, kontrahierend und passiv. Die ganze Schöpfung ist ein Ausdruck dieser positiv und negativ geladenen
Pole, vom kleinsten Baustein der Materie bis zum unendlich ausgedehnten, kosmischen All.

Die Entfaltung des Lichtkörpers

In jedem Menschen ist die göttliche Saat, das Höhere Selbst, in seinem Herzen eingesenkt. Dieses innere Licht ist verbunden mit der höchsten Lichtquelle. Das Christus-Licht ist eingebundenes göttliches Licht in allem Sein.

Und das Licht leuchtete in der Finsternis, aber die Finsternis hat es nicht begriffen. (Johannes 1.5)

Diese Aussage bekräftigt, daß Lichtenergie die irdische Welt, die materielle Manifestation der Schöpfung durchdringt, jedoch nicht gesehen wird. Jeder Mensch ist umgeben von einer lichtvollen Aura und trägt in sich den göttlichen Funken als machtvolles inneres Licht. Der physische Leib erhält die Lebenskraft vom Lichtkörper, der ihn bis in die kleinsten Atome durchströmt. Das innere Licht ist reinste Liebe. Durch die eigene Kraft der Liebe wird dieses Licht immer leuchtender und stärker. Je reiner und strahlender das innere Licht, desto stärker kann die reine Geisteswelt mithelfen, die Seele durch das Mysterium der geistigen Entwicklungsstufen zu führen. Die Seele kleidet sich mit dem weißen Lichtgewand, mit dem sie beim Verlassen des irdischen Körpers zurückfindet ins Reich des Lichtes und der Liebe.

Im Dunkel des Herzens, in unserem Allerinnersten, leuchtet ein strahlendes Licht, das gleich einer ewigen Flamme das ganze Universum erleuchtet. Dieses, unser Wahres Wesen, ist die allen unseren Erfahrungen zugrundeliegende absolute Wirklichkeit. Als die reine Ur-Quelle allen Seins ist es ungeboren und unzerstörbar. Es ist weder kommend noch gehend; allgegenwärtig, still und rein und außerhalb von Raum und Zeit.[1]

Die Erde, auf der wir leben, ist von der Welt des Geistes aus betrachtet eine dichte Schwingungsebene, eine große, trennende Illusion. Das eigene Bewußtsein braucht die sichtbare Welt als Projektionsfläche wie eine Leinwand im Kino, die nur dasjenige zeigt, was darauf projiziert wird. Der Lebensfilm des seelischen Zustandes zeigt sich auf geheimnisvolle Weise in unzähligen Facetten in unserem Alltag. Hell ist die Energie der Liebe und des Lichtes, dunkel ist die Energie der Verhaftungen und der Ichsucht. Dunkle Energien erzeugen seelisches Leid und rufen nach Erkenntnis und Veränderung zum Lichte hin.

Es geht aber in dieser Zeit des Erdendaseins vor allem darum, die absolute Wirklichkeit zu entdecken und das innere Licht oder den Lichtkörper rein und hell zu bewahren. Es kann nicht genug betont werden, daß die Liebe das innere Licht erhält und zur Entfaltung bringt, weil sie mit dem Höchsten Gesetz der Lichtverströmung im Einklang ist. Was jedoch gegen dieses Gesetz verstößt, verdunkelt den Lichtkörper oder die Aura, dadurch entfernt sich der Mensch von der reinen Lichtquelle und die Lebensenergie wird geschwächt.

Werden und Vergehen prägen das irdische Leben. Sterblich ist der physische Körper, unsterblich jedoch ist der Lichtkörper, der beim Tod den Leib verläßt. Die ganze Schöpfung, wie wir sie mit den Sinnesorganen erfahren, besteht aus gegensätzlichen Kräften, die sich ergänzen und von der Höheren Weisheit im Gleichgewicht gehalten werden. Wie der Atemstrom pulsiert der ganze Kosmos als Kontraktion und Expansion oder erscheint hell und dunkel. Doch dürfen wir nicht vergessen, daß die scheinbare Festigkeit der Materie aus Myriaden von schwingenden

Atomteilchen zusammengesetzt ist. Alles ist in Bewegung und Ausdruck der wunderbaren Geistkraft, die im Innern des Menschen das einzig Wahrhaftige ist, die alle Welten der Materie und des Geistes miteinander verbindet.

In buddhistischen Lehren wird immer wieder auf die Kraft des Geistes hingewiesen:

> Was außen zu sein scheint, existiert in Wirklichkeit nicht; es ist tatsächlich nur der Geist, der in der Vielfältigkeit erblickt wird; Körper, Besitz und Welt – sie alle, sage ich euch, sind nichts als Geist.
> Das, was etwas ergreifen kann, und das, was ergriffen wird – all das, sage ich euch, ist nichts als der Geist. ... Es gibt überhaupt nichts, das getrennt vom Geist existiert.[2]

Der alles durchströmende Christus-Geist als einzig wahrhaft wirkende Kraft im Menschen wird im Neuen Testament mit folgenden Worten beschrieben:

> Ich bin der wahre Weinstock, und mein Vater ist der Weingärtner. Jede Rebe an mir, die keine Frucht bringt, entfernt er, und jede, die Frucht bringt, reinigt er, damit sie noch mehr Frucht bringe. Ihr seid bereits rein infolge des Wortes, das ich zu euch gesprochen habe. Bleibt in mir, so bleibe ich in euch. Wie die Rebe aus sich selbst keine Frucht bringen kann, wenn sie nicht am Weinstock bleibt, so auch ihr nicht, wenn ihr nicht in mir bleibt. Ich bin der Weinstock, ihr seid die Reben. Wer in mir bleibt, und in wem ich bleibe, der bringt reiche Frucht, denn ohne mich könnt ihr nichts tun. (Johannes, 15, 2–6)[3]

Wunderbar herrscht eine verborgene geistige Intelligenz als schöpferische Kraft in allen Sphären. Über Jahrmillionen haben sich Wachsendes und Gedeihendes aufeinander eingespielt. Doch leider haben heute viele Menschen keinen

Respekt mehr vor diesem grandiosen Spiel der göttlichen Intelligenz und greifen auf unverantwortbare Weise in die Ordnung ein. Diese Abspaltung von der Höheren Ordnung und die Fehlhaltungen der Menschen werden, wie es die Visionen des heiligen Johannes zeigen, dramatisch korrigiert.

Aber die Visionen zeigen auch unmißverständlich den spirituellen Entwicklungsweg der Seele. In dramatischen Bildern werden Wandlungsprozesse auf der geistigen wie auch materiellen Ebene aufgezeigt. Es ist eine Schule des Lebens, besonders für den heutigen Menschen, der in einer Zeit lebt, in der die Spiritualität auf ungewöhnliche Weise beschleunigt wird. Die Christus-Kraft manifestiert sich mit großer Macht bei denjenigen Menschen, die sich in der Stille ihres wahren Ursprungs besinnen. Kosmisches Bewußtsein durchdringt immer stärker das Denken und Handeln. Lichterlebnisse werden immer häufiger, insbesondere bei meditierenden Menschen.

Die Botschaft der geheimen Offenbarung hat für die heutige Zeit eine ganz besondere Bedeutung, weil die große Weltperiode des Fischezeitalters in das neue Wassermannzeitalter gewechselt hat. In dieser neuen Zeit ist die Öffnung zum Licht wieder da. Die Menschen werden sich wieder ihrer unerschöpflichen Dimension bewußt. Es ist die Kraft des Geistes, die hilft, einen neuen, tieferen Lebenssinn in allem zu erkennen. Die Entfaltung des inneren Lichtes wird nach einer langen Zeit tiefer Finsternis und materieller Verhaftung eine ganz neue Bedeutung bekommen. Eine große Befreiung von veralteten Denkmustern wird die Menschen zur Besinnung bringen und auch in der Außenwelt Veränderungen bewirken. Schließlich hat der geistig erwachte Mensch nichts zu befürchten. Er weiß um die Unsterblichkeit seines Lichtkörpers, der sein wahres Selbst ist. Die materielle Hülle ist vergänglich, sie dient zwar liebevoll als Instrument in diesem Erdendasein, aber der Verlust ist kein echter Verlust, denn er entläßt das wahre Selbst wieder zurück in eine lichtvolle Dimension des göttlichen Seins.

In der heutigen wissenschaftlich orientierten Zeit sind immer noch viele Menschen einseitig am materiellen Ausdruck des Daseins interessiert. Das Dahinterwirkende, Feinstoffliche, nicht Beweisbare scheint in vielen intellektuellen Köpfen keinen Platz zu haben. Doch wird dieses Denken langsam abgelöst und viele neue spirituelle Impulse aus aller Welt fließen zusammen. Ein wesentlicher Aspekt des menschlichen Daseins bekommt wieder mehr Beachtung, nämlich der ganzheitliche Energiekörper, der den Menschen durchdringt und als feinstes Licht in zarten Farbtönen leuchtet. In verschiedenen Schwingungsfrequenzen umgibt und durchdringt der Lichtkörper den Menschen bis in die kleinste Zelle. Dieser Lichtkörper wird gespeist aus einer geistigen Sonne, dem Himmelslicht. Es durchdringt alles im Menschen: das Denken, Fühlen und Handeln. Ein unendlicher Ozean von Licht und Heiterkeit steht hinter allem Vordergründigen.

Sieben Chakras oder Energiezentren

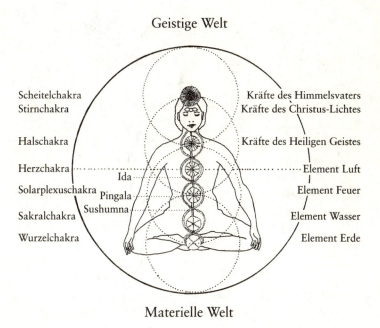

Die kosmische Ordnung
der Sieben und die Chakras

In den Visionen des heiligen Johannes spielt die Zahl Sieben eine entscheidende Rolle. Die Zahl Sieben stellt eine höhere geistige Ordnung dar: Weißes Licht bricht sich in sieben Farbfrequenzen, Töne weisen eine Siebenerstruktur auf und die Woche hat sieben Tage.

Der Mensch lebt in dieser kosmischen Siebener-Ordnung. Wie das Sonnenlicht im Regenbogen in sieben verschiedenen Farben reflektiert wird, weist das himmlische Licht auf der Körperebene des Menschen sieben verschiedene Frequenzen auf. Jede Schwingungsebene durchdringt den menschlichen Körper mit einem zarten Lichtwirbel. Diese Lichtwirbel sind wie drehende Räder und werden Chakras genannt. Sie vereinen Leib und Seele zu einem Ganzen. Es sind die inneren Lichter, die sieben Bewußtseinsstufen, durch die sich die Seele entfaltet. Wie ein im Boden verwurzelter Baum zum Licht emporwächst, entfaltet sich die Seele vom Wurzel- bis zum Kronenchakra. Wie ich in meinem Buch *Das Vaterunser als Chakra-Meditation* beschreibe, zeigen die sieben Sätze des höchsten Gebetes der Christenheit, des Vaterunsers, auf eindrückliche Weise die sieben Sphären des Kosmos gespiegelt im menschlichen Dasein. Die Sieben kann hell oder dunkel sein. Es gibt sieben Tugenden, aber auch sieben Todsünden.

Sieben entscheidende Schritte bringen den Mystiker auf seinem geistigen Entwicklungsweg zur Reife. Der *siebenarmige Leuchter* ist ein anmutiges Symbol für diesen Weg, auch hier sollen alle Lichter angezündet werden. Alle sieben Energiezentren oder Chakras leuchten wie zarte Lichter, wenn sie befreit werden von trübenden Gefühlen. Sie öffnen den Menschen zum kosmischen Licht. Die drei oberen Chakras verbinden den Menschen mit der lichterfüllten göttlichen Seinsebene, die drei unteren Chakras binden ihn an die Bedürfnisse des irdischen Lebens. In der Mitte des Herzens findet das Christus-Licht als Liebesenergie eine wunderbare Pforte, um sich unter den Menschen zu manifestieren. Hier entäußert sich die lichtvolle kosmische Kraft durch den materiellen Körper.

Durch die sieben Energiezentren oder Chakras, die eine von tiefer Weisheit durchdrungene Lebenskraft im Körper verteilen, ist der Mensch mit der kosmischen Sphärenenergie verbunden. Jede natürliche Entfaltung zeigt eine unumstößliche Ausrichtung zum Licht nach oben. Nach diesem Gesetz entfalten sich die inneren Lichter von unten nach oben. Zwei Energieströme, Ida und Pingala, fließen vom Wurzelchakra bis zu den Kopfzentren. Sushumna, der Kanal in der Mitte der Wirbelsäule, verbindet alle Chakras miteinander. Wenn alle Chakras leuchten, kann die im Wurzelchakra eingesenkte machtvolle Kundalini-Kraft durch alle sieben Ebenen hinaufströmen und den Lichtkörper des Menschen ganz öffnen zum göttlichen Licht.

Auf wunderbare Weise wird der Mensch durch unzählige Energiekanäle, Meridiane und Nadis, mit Lebenskraft versorgt. Lichtenergie strömt nach bestimmten Gesetzen als Yin- und Yangkraft durch diese Kanäle und wird im ganzen Körper verteilt. Die Gesundheit des Menschen hängt ganz von dem harmonischen Miteinander der strömenden Lebensenergie in den Meridianen und Energiezentren ab. Die wahren Ursachen des Krankseins des Menschen sind in diesem Bereich, nämlich in der feinstofflichen seelischen Ebene zu suchen. In diesem feinen Energiefeld verbinden sich Körper und Seele. Seelische Nöte zeigen sich im Körper wie ein Hilferuf durch Schmerz oder Leid. Die Medizin der Zukunft wird sich auf diese Ebene verlagern, denn das neue gottverbundene Bewußtsein äußert

sich durch eine starke Verfeinerung der Wahrnehmungsfähigkeit.

In allen Bereichen des Lebens ist eine zunehmende Sensibilität zu beobachten. Im Gesundheitswesen können Therapien, die einen harmonisierenden Ausgleich der Körper-
energien bewirken, eine große, kostengünstige Hilfe bieten.
Ohne schädliche Nebenwirkungen kann mit heilenden
Händen den Menschen wunderbar geholfen werden.

Ganz subtil strömen Bilder aus dem allumfassenden Bewußtsein ein und geben Aufschluß über Vergangenes oder
Zukünftiges. Die Welt der Verstorbenen ist nicht mehr verschlossen. Viele medial veranlagte Menschen haben die
Fähigkeit entwickelt, Kontakte zur Geisteswelt herzustellen, und können Trost und Hilfe anbieten.

Bei unzähligen Menschen hat sich das Dritte Auge geöffnet, und sie können teilnehmen an der Welt der geistigen
Energien bis hin zum hellsten göttlichen Licht. Das kosmischen Bewußtsein vereint alle Sphären zu einem großen
Körper. Nur das Tagesbewußtsein führt eine vermeintliche
Trennung herbei. In Tat und Wahrheit sind wir alle ein
großer Körper im Lichte und sind durchströmt von Inspirationen unzähliger Geistwesen, die uns mit allem verbinden.

Die sieben Entwicklungsstufen

Die Bilder der Apokalypse gewähren einen Einblick in die himmlischen Welten. Die Geisteswelt wird als eine Dimension kosmischer Ordnungskräfte gezeigt, die in einer eindrücklichen Zahlensymbolik wurzelt. Die himmlische Ordnung ist eine – so zeigte sich mir das himmlische Licht – geometrisch geordnete Lichtverströmung. Dabei spielt die Ordnungszahl Sieben eine entscheidende Rolle. Wir werden der Zahl Sieben überall begegnen: in den *sieben Sendschreiben* an sieben Engel der sieben Gemeinden, in den *sieben Sternen*, den *sieben Siegeln*, den *sieben Posaunen*, den *sieben Donner*, deren Botschaft nicht aufgeschrieben wurde, und in den *sieben Zornschalen*.

Die Entstehung der Welt der Sinne hat eine Siebenerordnung, die in der Genesis als sieben Tage der Schöpfung bezeichnet wird. Da das Kleine immer das Große enthält, ist der ganze Mensch physisch und psychisch in eine Siebenerordnung eingebettet: Die Zellen erneuern sich alle sieben Jahre, wobei sämtliche Atome und Moleküle erneuert und ausgetauscht werden; die Seele entwickelt sich in einem Siebenerrhythmus; jedes Energiezentrum braucht sieben Jahre, bis es ganz entwickelt ist; im Alter von sieben Jahren vollendet sich die Stufe des Wurzelchakras; mit 14 Jahren ist die Entfaltung des Sakralchakras, das den Weg zum Du öffnet, abgeschlossen; mit 21 das Solarplexuschakra, das die soziale Integration im weitesten Sinn öffnet; mit 28 ist das Herzchakra, das die selbstlose Liebe verströmt, entfaltet; mit 35 öffnet sich der Weg zu den geistigen Zentren, Weisheit des Halschakras erfüllt das Denken; mit 42 öffnet

– 29 –

sich das Dritte Auge und schenkt höhere Erkenntnisse; im 49. Altersjahr ist die Entfaltung des Kronenchakras vollzogen und die Verbindung zum himmlischen Licht vollendet. Die Erleuchtung wäre der Lohn für eine harmonische seelische Entfaltung aller sieben Chakras. Dann leuchten alle sieben Lichter des Leuchters. So führt der seelische Entwicklungsweg durch sieben Stufen von unten nach oben zur Erleuchtung. Die irdische Natur der Vier wird transformiert, damit die geisten Zentren der Dreiheit dem inneren Auge einen Einblick in die Mysterien und kosmischen Gesetze schenken können.

Hell und dunkel begleiten den Menschen auf seinem seelischen Reifeprozeß. Die Bilder der Apokalypse zeigen einen kompromißlosen Einweihungsweg. Um diese Bilder verstehen zu können, müssen wir zurückblicken in den Zeitgeist der damaligen Epoche, eine Zeit, in der die Menschen die Sterne beobachteten und die stillen Nächte ohne elektrischen Strom, ohne Radio und sonstigen technischen Errungenschaften verbrachten. Die Zeit maß man mit dem exakten Beobachten der Bewegungen am Sternenhimmel ohne Chronometer am Handgelenk. Wohl herrschte Chronos, der Gott der Unterwelt, eine Personifikation der Zeit oder des Werdens und Vergehens in der irdischen Welt. Daß durch diese im Einklang mit der Natur bestehende Lebensweise eine innige Beziehung zu den Planeten und ihren Kräften geschaffen wurde, ist in allen alten Schriften deutlich zu erkennen. Die damals sieben bekannten Planeten haben noch heute für uns eine tiefe symbolische Bedeutung, denn unsere Wochentage tragen ihre Namen.

Jede Entwicklung und Wandlung vollzieht sich in sieben Schritten. Der seelische Reifeweg entfaltet alle sieben Chakras von der dichtesten Erdschwingung bis hin zum reinsten Licht. Wenn alle sieben Sphären durchlichtet und die sieben Stufen des Seelenweges geläutert worden sind, öffnet sich das himmlische Licht im Menschen. Ein strahlendes Lichtmandala läßt alles Irdische wie ein funkelnder, weißer

Kristall in den Hintergrund treten. Höchste Freude, Licht und Frieden sind die reiche Belohnung, aufgehoben ist die Trennung vom wahrhaften inneren Schatz der göttlichen Wirklichkeit.

Vom siebenfachen Frieden wird in den Schriften der Essener berichtet. In diesen liebevollen Aufzeichnungen weisen die Worte Jesu eindrücklich darauf hin, daß nur eine Lebensweise, die im Einklang mit der Natur stattfindet, der Seele ermöglicht, am Lebensstrom der Lichtenergie angeschlossen zu sein.

Wahrlich, ich sage Euch, das Buch der Natur ist eine Heilige Schriftrolle, und wenn ihr wollt, daß sich die Menschensöhne selbst erretten und das immerwährende Leben finden, dann lehrt sie wieder, die lebendigen Buchstaben der Erdenmutter zu lesen. Denn in allem Lebendigen ist das Gesetz niedergeschrieben. Es ist im Gras geschrieben, in den Bäumen, in den Flüssen, Bergen, in den Vögeln des Himmels und den Fischen des Meeres und am deutlichsten im Menschensohn. Nur wenn er zum Schoß seiner Erdenmutter zurückkehrt, wird er das immerwährende Leben und den Strom des Lebens, der zu seinem Himmlischen Vater führt, finden; nur so kann die dunkle Vision der Zukunft vermieden werden.[4]

Mystiker, Propheten und gottgesandte Meister haben in allen Epochen immer wieder bewußt gemacht, daß der Körper, der physische Leib, wohl an die Erde gebunden ist, jedoch durchdrungen wird von Licht und Liebe. Der feinstoffliche Lichtkörper, die Seele, bleibt, wenn die Liebesenergie die verdunkelnden Gefühle von Angst, Zweifel, Habgier, Zorn usw. aufzulösen vermag, innig verbunden mit der Lichtsphäre des göttlichen Ursprungs. Gerade dieses Nicht-mehr-Gewahrwerden des tieferen Sinns des Lebens bringt alle Nöte unserer Zeit.

Dieses Wissen scheint mir wichtig, damit der tiefe Gehalt der Visionen der Apokalypse und insbesondere die Briefe an die verschiedenen Gemeinden verstanden werden. Die geistige Welt spricht zum Menschen durch symbolische Bilder, die nur durch ganzheitliches Betrachten ihren tiefen Gehalt preisgeben. In der Meditation, in Träumen oder Märchen spricht das Höhere Bewußtsein in einer reichen Bildersprache, der Sprache der Seele, zu uns.

Johannes war in einem Zustand höchster Transzendenz, als er die Bilder der Apokalypse schauen durfte. Göttliches Bewußtsein und Himmlische Gesetze waren ihm nicht länger verborgen. So war er Mensch in seinem irdischen Körper und doch in der Lage, mit seinem Geistkörper die himmlischen Ebenen zu schauen.

Die Offenbarung des Johannes

Das einleitende Gesicht

Ich, Johannes, euer Bruder und Mitgenosse in der Drang-
sal, in der Herrschaft und in der geduldigen Erwartung
(Christi) Jesu, war auf der Insel Patmos um des Wortes
Gottes und des Zeugnisses Jesu willen. Ich war am Tage
des Herrn im Geiste und hörte hinter mir eine starke
Stimme wie eine Posaune. Sie sprach: Was du siehst,
schreibe in ein Buch und schicke es an die sieben Gemein-
den (in Asien): nach Ephesus, Smyrna, Pergamus, Thyatira,
Sardes, Philadelphia, und Laodizea.
Ich wandte mich um, die Stimme zu sehen, die mit mir re-
dete. Als ich mich umwandte, sah ich sieben goldene
Leuchter und mitten unter den (sieben Leuchtern) die
Gestalt eines Menschensohnes. Er war umhüllt mit lang
herunterwallendem Mantel und um die Brust mit einem
goldenen Gürtel gegürtet. Sein Haupt und seine Haare
waren weiß wie schneeweiße Wolle, seine Augen wie Feuer-
flammen, seine Füße wie im Schmelzofen geglühtes Erz,
seine Stimme wie das Rauschen vieler Wasser. In seiner
Rechten hielt er sieben Sterne. Aus seinem Munde ging ein
scharfes, zweischneidiges Schwert hervor. Sein Antlitz
strahlte wie die Sonne in ihrer Kraft.
Als ich ihn sah, fiel ich wie tot zu seinen Füßen. Er legte
seine Rechte auf mich und sprach: Fürchte dich nicht! Ich
bin der Erste und der Letzte und der Lebendige. Ich war
tot, und siehe, ich lebe in alle Ewigkeit. Ich habe die
Schlüssel des Todes und der Unterwelt. Schreibe nun auf,
was du gesehen hast: was ist und was danach geschehen
soll. Das Geheimnis der sieben Sterne, die du in meiner

Rechten sahst, und die sieben Leuchter. Die sieben Sterne sind die Engel der sieben Gemeinden, und die sieben Leuchter sind die sieben Gemeinden.

Johannes muß in tiefer Meditation versunken gewesen sein, als er diese Vision hatte. Der Zustand ist eine innere Erfahrung, in der der Mensch und das Universum zur Einheit verschmelzen, er war *im Geiste.* Dieser Zustand, der keine Trennung kennt, ermöglichte den großartigen Einblick in die geistigen Welten des Überirdischen. Der Eindruck muß überwältigend gewesen sein, denn er fiel *wie tot zu seinen Füßen.*

In geistiger Schau zeigte sich dem großen Mystiker der allumfassende Christus-Geist, die Sohnschaft Gottes, das kreativ verströmende Licht des Vaters. Es enthält alle Weisheit und Ordnungsgesetze, die im Himmel gleichermaßen wirken wie in kleinsten Atomstrukturen auf der Erde. Aus der väterlichen Lichtquelle fließt das Christus-Licht in alle Sphären, in die Materie, in jeden Menschen, was durch den *lang herunterwallenden Mantel* symbolisch dargestellt wird. Er hat die Schlüssel des *Todes und zur Unterwelt*, nämlich zur Welt der vergänglichen irdischen Welt.

Sieben goldene Leuchter umgeben die Lichtgestalt. Licht ist das Attribut für göttliches Sein. Aus dem ausstrahlenden Licht ist alles geworden, die Welt des Himmels und der Erde. Sieben Lichtstrahlen bilden die Grundlage aller geistigen Gesetze. Weißes Licht umgibt das Haupt, und die Augen zeigen das Feuer der Liebe.

Diese wunderbare Lichtgestalt des kosmischen Christus zeigt sich mit *sieben Sternen* in der Hand: Die sieben Sterne sind die *Engel der Gemeinden*, und die *sieben Leuchter* sind die sieben Gemeinden. Mit den sieben Gemeinden sind nicht nur die damaligen Städte gemeint. Sie sind vielmehr Symbol für den ganzen Menschen mit seinen feinstofflichen Lichtern, nämlich mit den Chakras, die ihn mit den verschiedenen Sphären des Lichtes verbinden. Menschliches

Dasein ist jedoch immer auch Abbild eines Größeren. In einer Siebenerordnung pulsiert alles Leben auf der Erde und im Kosmos in sieben Lichtfrequenzen.

Als Wort oder OM wird das kreativ verströmende Schöpferlicht bezeichnet – der göttliche Ton. Johannes vernahm ihn *wie das Rauschen vieler Wasser.* Unseren Sinnesorganen zeigt sich die Schöpfung in einer lebendigen Bewegung von zwei sich ergänzenden und anziehenden Kräften, von Yin und Yang. *Aus seinem Munde ging ein scharfes, zweischneidiges Schwert hervor.* Als Dualität manifestiert sich die irdische Welt, als hell und dunkel oder gut und böse. Immer sind die gegensätzlichen Kräfte wirksam, wenn sich das schöpferische Prinzip zeigt. Zwischen Licht und Dunkelheit erlebt die inkarnierte Seele das irdische Leben. Die Seele hat die Möglichkeit, sich wieder zurückzuschwingen in die Welt des Lichtes, aus dem sie gekommen ist. Alles ist formbar durch die Kraft des Geistes *wie im Schmelzofen geglühtes Erz.*

Der menschliche Verstand hat Mühe, sich göttliches Licht sowohl immanent, d.h. in allem innewohnend, als auch transzendent, d.h. in geistiger Form Gestalt annehmend, vorzustellen. Doch begegnen wir immer wieder beiden Ausdrucksformen, weil die eine die andere durchdringt. Göttliches Licht ist in jeder Pflanze, in unserem Körper, in unserem Lichtkörper. Der Lichtkörper ist die geistige Matrize des sichtbaren Körpers. Die Gestalt des kosmischen Christus zeigt sich in Menschengestalt. Die Berührung mit dem kosmischen Christus-Geist kann sich auch als weißes Lichtkreuz im Dritten Auge zeigen. Das Kreuz ist ein altes Symbol für die Vereinigung von Geist und Materie.

Wenn man über den Kosmischen Christus nachdenkt, dann wird das Bewußtsein sogleich auf eine höhere Stufe erhoben. Solch erhobenes Denken vermittelt dem geistigen Auge eine sonnendurchflutete Örtlichkeit, die allmählich goldene Formgestalt annimmt. So können des

Menschen Seele und Geist Strahlen von unendlicher Schönheit aufnehmen. Alles andere wird dann unwichtig, und außerhalb dieser Aura von goldenem Licht scheint kaum mehr etwas zu existieren. Es hat den Anschein, als wäre dieses goldene Licht aus einer geheimen Quelle innerhalb unserer Seele hervorgegangen. Dieselbe goldene Strahlung umgibt uns auch im All, und wir gelangen zu der Erkenntnis, daß wir im Kosmischen Christus leben, atmen und sind. Seine Größe und Erhabenheit stellen wir uns am besten als hell leuchtende Sonne vor, deren Strahlen in unser Herz dringen und uns mit Andacht, Anbetung, Liebe zum Leben und zu allen Geschöpfen erfüllen.[5]

Die sieben Sätze des höchsten Gebetes der Christenheit (vergl. S. 26) spiegeln die sieben Sphären oder Lichtstrahlen. Wir begegnen ihnen wieder in den nachfolgenden sieben Sendschreiben an die Engel der Gemeinden. Die sieben Gemeinden zeigen ganz subtil, verborgen und geheimnisvoll die Ebenen der sieben Chakras. In ihnen wirken die Gesetze des himmlischen Lichtes mit den sieben Frequenzen, wie sie sowohl im Menschen als auch im ganzen Kosmos eingelegt sind. Eingehend und ermahnend wird den Engeln, den Hütern und Bewahrern des Lichtes, nahegelegt, wie wichtig die Öffnung zum Licht, zur geistigen Welt ist, und daß die Verlockung, sich ganz in der irdischen Welt zu verlieren, groß ist. Die trennenden Regungen, die den Menschen vom dahinterwirkenden Licht der Liebe und Freude entfernen und die Seele mit dunklen Wolken von Sorgen, Ängsten und Leiden belasten, werden in den Offenbarungen des Johannes *Satan* genannt.

Nach alten, mystischen Vorstellungen steigt die Lichtseele durch sieben Sphären in die Welt der Materie hinunter. Die irdische Ebene wird als dichter, saturnischer Gürtel betrachtet. Alles, was die Lichtseele trennt vom himmlischen Licht, wird als Reich des Satans bezeichnet. Die Aufgabe und Prüfung der Seele besteht darin, alle sieben Stufen durch einen Läuterungsprozeß zu durchschreiten und zum Licht des Christus-Logos zurückzukehren. Es geht um einen mystischen Einweihungsweg mit allen Gefahren, die es zu überwinden gilt, um die höchste Berührung mit dem göttlichen Licht zu erfahren.

Wenn wir die sieben Sendschreiben an die Engel der sieben Gemeinden aus der Innenschau betrachten, zeigen sie auf eindrückliche Weise Bewußtseinszustände, wie sie die östliche Mystik in der Lehre über die Chakras vermittelt.

Das nachfolgende Gebet von White Eagle begleitet uns auf dem Weg zur geistigen Innenschau.

Wir verschließen die Tore unserer Sinne
und suchen die geistige Stille.
Wir streben in Liebe und Wahrheit
zu unserem Schöpfer, dem großen Architekten
des Universums, dem ewigen Geist, –
der Licht und Wahrheit für die Menschheit ist.
Wir überlassen unsere Persönlichkeit
der sanften Schwingung, dem Licht und Segen
des ewigen Geistes, der Schönheit der höheren Welten,
der Liebe und Gerechtigkeit Gottes.
Wir bitten, daß unser Gebet uns emporträgt in das
höhere Bewußtsein und wir das geistige Leben
gewahr werden.
Und von der schlichten, einfachen Liebe
in unserem Herzen möge nun Licht und Heilkraft
ausgehen und vielen Seelen Segen, Frieden
und Erleuchtung bringen.[6]

Göttliche Lichtverströmung

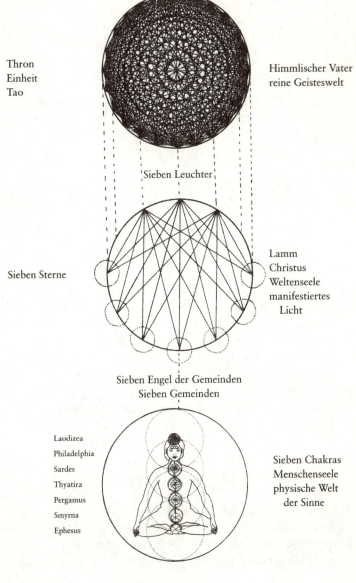

Thron
Einheit
Tao

Himmlischer Vater
reine Geisteswelt

Sieben Leuchter

Sieben Sterne

Lamm
Christus
Weltenseele
manifestiertes
Licht

Sieben Engel der Gemeinden
Sieben Gemeinden

Laodizea
Philadelphia
Sardes
Thyatira
Pergamus
Smyrna
Ephesus

Sieben Chakras
Menschenseele
physische Welt
der Sinne

Gesicht über die Gegenwart

DIE SIEBEN SENDSCHREIBEN

Nach Ephesus

Dem Engel der Gemeinde in Ephesus schreibe: So spricht, der die sieben Sterne in seiner Rechten hält, der mitten unter den sieben Leuchtern wandelt: Ich kenne deine Werke, deine Mühe und dein geduldiges Harren. Ich weiß, daß du Böse nicht ertragen kannst und daß du die Leute, die sich fälschlich für Apostel ausgeben, auf die Probe gestellt und als Lügner erfunden hast. Auch hast du Geduld und hast um meines Namens willen gelitten und bist nicht müde geworden. Aber ich habe etwas gegen dich. Du hast deine erste Liebe verloren. Bedenke also, von welcher Höhe du herabgefallen bist. Nimm eine neue Gesinnung an und übe die ersten Werke wieder. Sonst komme ich über dich und rücke deinen Leuchter von seiner Stelle, falls du nicht Buße tust. Aber das hast du: Du haßest die Werke der Nikolaiten, die auch ich hasse.
Wer Ohren hat, der höre, was der Geist zu den Gemeinden spricht: Dem Sieger will ich vom Baume des Lebens zu essen geben, der im Paradiese (meines) Gottes steht.

Die sieben Sendschreiben sind wie sieben Lichtstrahlen, die sich in alle Sphären der Schöpfung verströmen. Der kosmische Christus richtet sie an die Engel der sieben Gemeinden. Engel sind geistige Lichtwesen, die dem Gesetz des

Schöpferlichtes dienen. Auf allen Ebenen verteilen sie mit inniger Liebe das göttliche Licht. Der Lichtkörper des Menschen ist ein Teil des Lichtes – aus ihm lebt er in dieser Welt.

Die sieben Gemeinden können als materieller oder als feinstofflicher Ausdruck der kosmischen Ordnung der Sieben betrachtet werden. Auch der Mensch trägt diese Ordnung in sich. Deshalb haben die sieben Sendschreiben eine umfassende Bedeutung. Sie richten sich an die Engel, d.h. geistige Sendboten, die das himmlische Licht auf allen Ebenen verteilen. Engel wirken als ganz subtile Inspirationen und intuitive Erkenntnisse aus der Stille.

Sieben Lichtstrahlen durchfluten den feinstofflichen Körper des Menschen wie zarte Lichtwirbel (vgl. S. 25). Diese Räder, auch Chakras genannt, durchströmen den Leib mit Licht und Lebenskraft. Sie können offen oder geschlossen sein. Licht und Liebe, d.h. positive Gedanken, öffnen, negative Gedanken jedoch erzeugen Dunkelheit, Sorgen und Ängste und schließen die Chakras.

Der Engel von Ephesus wacht über das Licht, das von der Höhe in die Tiefe gefallen ist, d.h. in das unterste Chakra, das Wurzelzentrum. *Bedenke also, von welcher Höhe du herabgefallen bist.* Das Wurzelchakra öffnet zur Welt der Materie, zum Erdelement. *Nimm eine neue Gesinnung an und übe die ersten Werke wieder.* Es gilt auf dieser Ebene sich nicht ganz zu verlieren im Vordergründigen, sondern sich auf das Dahinterwirkende zu besinnen, d.h., das Echte vom Unechten zu unterscheiden. *Du hast deine erste Liebe verloren* kann bedeuten, daß die Welt der Sinne das in allem innewohnende göttliche Licht verbirgt oder einhüllt. Die Seele scheint vordergründig vom göttlichen Licht getrennt zu sein.

Die Entfaltung des untersten, des ersten Chakras, ist der erste Schritt zur Entfaltung des ganzen Lichtkörpers. Der Lichtkörper wird in dieser Schrift als Baum des Lebens bezeichnet. Der geistige Baum des Lebens öffnet sich zum

– 41 –

Himmelslicht, wie die irdischen Bäume sich zum Sonnenlicht öffnen. Der Baum des Lebens gedeiht durch inneres Wachstum in sebstloser Liebe.

Dem Sieger will ich vom Baume des Lebens zu essen geben, der im Paradiese Gottes steht. Der Engel wacht über die mächtige Kundalini-Energie im untersten Chakra. Seelisches Wachstum und Entfaltung erlauben es der starken Lichtenergie, den Weg zurück zum »Paradies«, zur Einheit zurückzufinden.

Die »Kinder des Lichtes«, die vom Strahl der Erleuchtung Getroffenen, die mit dem »Glücksglanz« Begnadeten, die von der dunklen Materie Unbefleckten oder Reingewaschenen – sie alle werden des Irdischen enthoben und in eine Welt des Lichtes versetzt. Von Licht, Liebe, Leben werden alle erfüllt, die wieder zurückkehren in den göttlichen Ursprung.[7]

Nach Smyrna

Dem Engel der Gemeinde in Smyrna schreibe: So spricht der Erste und der Letzte, der tot war und wieder lebendig wurde: Ich kenne deine Bedrängnis und deine Armut. Doch du bist reich. Ich weiß auch, daß du von denen geschmäht wirst, die sich Juden nennen und es doch nicht sind. Sie sind ja vielmehr eine Gemeinde des Satans. Fürchte dich nicht vor dem, was du leiden wirst. Siehe, der Teufel wird einige von euch ins Gefängnis bringen, damit ihr geprüft werdet. Ihr werdet eine Heimsuchung von zehn Tagen durchmachen. Sei getreu bis in den Tod, und ich will dir die Krone des Lebens geben.

Wer Ohren hat, der höre, was der Geist zu den Gemeinden spricht: Der Sieger wird durch den zweiten Tod keinen Schaden leiden.

Der Lichtengel der zweiten Gemeinde verbreitet den göttlichen Lichtstrahl in die Bewußtseinsebene des zweiten Chakras, des Sakral- oder Sexualchakras. Die menschliche Seele sucht die Verbindung zum andern und sehnt sich nach Vollständigkeit. *Ich kenne deine Bedrängnis und Armut.* Vertrauen und Selbstvertrauen bilden die Basis für jede zwischenmenschliche Beziehung. *Doch du bist reich* – die Begegnung mit der Seele eines Menschen ist eine Bereicherung. Die Liebe verstärkt das Licht des ganzen Lichtkörpers, und die Selbsterkenntnis wächst durch den Mitmenschen. Jede Unaufrichtigkeit wirkt trennend. ... *die sich Juden nennen und es doch nicht sind.* Ein echter Jude ist ein Mensch, der im göttlichen Liebeslicht wandelt. Das Gefängnis weist auf das Abgesondertsein vom Licht der Liebe. Trennend wirken Schuldzuweisungen, Kritik und falsche Erwartungen. Der Teufel ist diejenige Kraft, die vom Licht der Liebe trennt und Leiden verursacht. *Sei getreu bis in den Tod* ist eine Aufforderung immer in der Liebe zu bleiben.

Der Sieger wird durch den zweiten Tod keinen Schaden leiden, bedeutet, daß durch die Kraft der Liebe die Rückverbindung zum göttlichen Urgrund in der irdischen Welt und in allen Zeiten erhalten bleibt. Nichts kann die Seele vom großen Licht der Liebe trennen.

Nach Pergamus

Dem Engel der Gemeinde in Pergamus schreibe: So spricht der das scharfe, zweischneidige Schwert trägt: Ich weiß, wo du wohnst: Wo der Thron des Satans ist. Dennoch hältst du fest an meinem Namen und hast den Glauben an mich nicht verleugnet, selbst in den Tagen nicht, als mein treuer Blutzeuge Antipas bei euch am Wohnorte des Satans getötet wurde. Aber ich habe einiges gegen dich: Du hast dort Anhänger der Lehre Balaams, der den Balak lehrte, den

– 43 –

*Kindern Israels einen Anstoß in den Weg zu legen, nämlich
Götzenopferfleisch zu essen und Unzucht zu treiben. So
hast auch du Leute, die in ähnlicher Weise der Lehre der
Nikolaiten anhängen. Tu also Buße. Sonst komme ich
schnell über dich und werde mit dem Schwerte meines
Mundes gegen sie streiten.*

*Wer Ohren hat zu hören, der höre, was der Geist zu den
Gemeinden spricht: Dem Sieger will ich vom verborgenen
Manna und einen weißen Stein geben. Auf dem Steine steht
ein neuer Name geschrieben, den niemand kennt als der
Empfänger.*

Das dritte Sendschreiben richtet sich an den Engel, der über
das Solarplexuschakra wacht. Auf dieser dritten Bewußt-
heitsstufe muß die Seele lernen zu unterscheiden. Sie lernt
die lichtvollen und dunklen Seiten zu erkennen. Auf dieser
Ebene wird ausgesondert, was nicht gebraucht wird und in-
tegriert, was fördernd ist. Auf allen Schwingungsebenen
findet dieser Prozeß statt: auf der körperlichen Ebene die
Auswertung der Nahrung, auf der Gefühlsebene die Unterscheidung von Sympathie oder Antipathie und auf der Ge-
dankenebene die Wahl zwischen liebevollen oder destrukti-
ven Gedanken.

So spricht, der das scharfe, zweischneidige Schwert trägt
weist auf das Gesetz der gegensätzlichen Kräfte der Pola-
rität hin. Licht oder Dunkelheit stehen sich gegenüber. Nur
die Liebe entscheidet, ob die Seele auf dem Weg des Lichtes
bestehen kann. Trennendes Denken und Fühlen, alles, was
gegen die liebende Einheit verstößt, sind wie *Götzenopferfleisch und Unzucht.* Einkehr und Stille schenken Erkenntnisse über die eigenen seelischen Zustände. *Tu also Buße,*
d. h. konkret: erkennen und befreien von Gefühlen, die be-
lastend sind. *Sonst komme ich schnell über dich und werde
mit dem Schwerte meines Mundes gegen sie streiten.* Als ob
der seelische Inhalt ständig sichtbar gemacht würde, zeigt
das schöpferische Licht auf geheimnisvolle Weise das seeli-

sche Befinden im Alltagsgeschehen. Innere Harmonie heißt auch Harmonie im Alltag. Negative Gefühle und Gedanken werden Wirklichkeit, sie werden uns gezeigt von andern Menschen – und wir leiden darunter. Betrachten und dankbares Annehmen führen uns weiter in der Selbsterkenntnis und spirituellen Entwicklung.

Wer von Frieden und Harmonie erfüllt ist und im Lichte bleibt, Negatives umwandelt in verständnisvolle Liebe, bekommt eine himmlische Speise, *das verborgene Manna und einen weißen Stein.* Der Stein der Weisen spielte früher in der Alchemie eine wichtige Rolle bei Prozessen von Trennung und Wiedervereinigung gegensätzlicher Prinzipien. Der weiße Stein bedeutet Einswerdung. Der absolute Geist in uns vereint alle Unterscheidungen. Wer diesen Zustand plötzlicher Erkenntnis der wahren Wirklichkeit erlebt, wird erfüllt von einem Gefühl unendlichen Glücks und tiefen Friedens, *das verborgene Manna.*

Nach Thyatira

Dem Engel der Gemeinde in Thyatira schreibe: So spricht der Sohn Gottes, dessen Augen wie Feuerflammen sind und dessen Füße dem Erze gleichen. Ich kenne deine Werke, deine Liebe, deinen Glauben, deinen Diensteifer, dein geduldiges Harren und deine Werke, die in letzter Zeit wertvoller sind als die früheren. Aber ich habe etwas gegen dich: Du läßt das Weib Jezabel gewähren, die sich für eine Prophetin ausgibt und die durch ihre Lehren meine Knechte verführt, Unzucht zu treiben und von den Götzenopfern zu essen. Ich habe ihr eine Frist zur Umkehr gegeben. Aber sie will sich nicht von ihrer Unzucht bekehren. Siehe, ich werfe sie aufs Krankenlager, und die mit ihr Unzucht treiben, stürze ich in große Drangsal, wenn sie sich nicht von ihrem Treiben abwenden. Ihre Kinder lasse ich des Todes sterben. Alle Gemeinden sollen erkennen, daß ich es bin, der Herz und Nieren durchforscht und jedem von euch nach seinen Werken vergilt. Euch andern aber in Thyatira, die solche Lehre nicht teilen und die Tiefen des Satans, wie sie es nennen, nicht ergründen wollen, denen sage ich: Ich lege euch keine andere Last auf. Doch was ihr habt, haltet fest, bis ich komme.

Wer siegt und bis zum Ende in meinen Werken beharrt, dem will ich Macht über die Heidenvölker geben. Er wird mit ehernem Zepter über sie herrschen, wie Töpfergeschirr sie zerschlagen. Diese Macht habe ich von meinem Vater empfangen. Und ich will ihm den Morgenstern geben.

Wer Ohren hat, der höre, was der Herr zu den Gemeinden spricht.

Der Christus-Logos mit den sieben Sternen in der rechten Hand richtet den vierten Lichtstrahl auf das Herzchakra, das Liebeszentrum des Menschen. Wie ein zartes Fluidum verströmt sich heilendes Licht durch die Liebe. Die geläuterte Seele kennt keine Gegensätze, weil Liebe keine Trennung kennt. Sie fühlt sich Eins mit der großen Weltenseele und in tiefem Mitgefühl ist sie offen für alle Menschen. Hier verströmt sich das Christus-Licht als heilende Kraft.

Der Lichtengel hat die Aufgabe, dieses Chakra ganz zum Licht zu öffnen. Die Augen Gottes sind erfüllt vom Feuer der Liebe, ... *dessen Augen wie Feuerflammen sind und dessen Füße dem Erze gleichen.* Die Füße sind formbar wie glühendes Erz, weil die Kraft des Geistes die Materie bewegt und formt.

Eindringlich wird gewarnt, daß der Weg zum Licht keine Halbheiten erlaubt. Die Liebe des Herzens soll durchdrungen sein vom Christus-Licht. Die Entfaltung des inneren Lichtes geschieht bedingungslos im eigenen Inneren. Niemand darf sich zwischen die reine Verbindung von Gott und Mensch stellen. *Du läßt das Weib Jezabel gewähren, die sich für eine Prophetin ausgibt,* warnt vor trennenden Einwirkungen jeglicher Art, von Fremdbestimmung und

Abhängigkeiten. Das Herzchakra stimuliert mit seinem Licht die Thymusdrüse. Sie hat einen wesentlichen Einfluß auf das Immunsystem des Menschen. Fehlendes Licht schwächt die Abwehrkraft des Menschen.

Alle Gemeinden sollen erkennen, daß ich es bin, der das Herz und Nieren durchforscht und jedem von euch nach seinen Werken vergilt. Die Vereinigung von Herz und Nieren bedeutet ein harmonisches Zusammenwirken von allen Kräften des Himmels und der Erde. Osten und Süden vereinen sich in der Sonne und im Herz, Westen und Norden im Mond und in der Niere. Jahreszeiten, Himmelsrichtungen, Körper und Organe des Menschen unterstehen dem gleichen Gesetz von Bewegung und werden gelenkt von dem einen Geist.

Und ich will ihm den Morgenstern geben könnte sich auf die im Osten aufgehende Venus beziehen, der Stern der Liebe. Dieser Planet ist ein Symbol für das geistige Licht des Himmels. Ein zum Licht geöffnetes Herzchakra leuchtet als geistige Sonne in diese Welt. Die kosmische Weisheit lenkt mit großer Macht alle Vorhaben. Mit unendlicher Liebe wirkt sie als wunderbare Fügung und schenkt mit allen Wesen der Schöpfung eine tiefe, innige Verbindung.

Nach Sardes

Dem Engel der Gemeinde in Sardes schreibe: So spricht, der die sieben Geister Gottes und die sieben Sterne hat: Ich kenne deine Werke. Du hast den Namen, daß du lebst. Doch du bist tot. Wach auf und befestige das Übrige, das im Sterben liegt. Denn ich habe deine Werke nicht für vollwertig befunden vor meinem Gott. Denke also daran, wie du es empfangen und gehört hast. Halte daran fest und erneuere deinen Sinn. Wenn du nicht aufwachst, so komme ich (über dich) wie ein Dieb, und du sollst nicht wissen, zu welcher Stunde ich über dich komme. Du hast jedoch

einige Namen in Sardes, die ihre Gewänder nicht befleckt haben. Sie sollen in weißen Gewändern mit mir wandeln. Denn sie sind es würdig. Der Sieger wird so mit weißen Gewändern angetan, und ich tilge seinen Namen nicht aus dem Buche des Lebens aus. Ich werde seinen Namen vor meinem Vater und vor seinen Engeln bekennen.
Wer Ohren hat, der höre, was der Geist zu den Gemeinden spricht.

Der Engel dieser fünften Gemeinde dient dem Lichtstrahl im Halschakra. In diesem Zentrum der Kommunikation findet ein Austausch statt durch das gesprochene Wort, durch bewegende Gesten und durch aufmerksames Hinhören. Auf der feinstofflichen Ebene schenkt ein geöffnetes Halschakra feinste Wahrnehmungen geistiger Inspirationen und Rückverbindung zum alles durchdringenden Licht des Heiligen Geistes. Der Hals ist die Pforte der göttlichen Weisheit.

So spricht, der die sieben Geister Gottes und die sieben Sterne hat bedeutet, daß die mächtige Gestalt des Christus die Kraft des Geistes in sieben Sphären und sieben Chakras verströmt. Die drei oberen Energiezentren sind ein Ausdruck der Dreieinigkeit des göttlichen Lichtes. *Du hast den Namen, daß du lebst:* Der Name, d. h. die innere Wirkungskraft des Lichtes, schenkt die Verbindung zum göttlichen Urgrund eines kosmischen Bewußtseins. Die Berührung mit dem Göttlichen äußert sich durch zarte Inspirationen, Gedanken, Stimmen, als Bilder, Visionen oder als Licht im Dritten Auge. *Denke also daran, wie du es empfangen und gehört hast.* Nach der inneren, weisen Führung muß die Seele sich ausrichten.

Du hast jedoch einige Namen in Sardes, die ihre Gewänder nicht befleckt haben. Die weißen Gewänder bedeuten das innere, entfaltete Licht der Liebe, das ewig in Verbindung ist mit der Lichtquelle, dem Urgrund allen Seins und seinen Engeln oder Wirkungskräften.

Nach Philadelphia

Dem Engel der Gemeinde Philadelphia schreibe: So spricht der Heilige, der Wahrhaftige, der den Schlüssel Davids hat, der öffnet, daß niemand schließen kann, und der schließt, daß niemand öffnen kann. Ich kenne deine Werke. Siehe, ich habe dir eine offene Tür gegeben, die niemand schließen kann. Aus dir selbst hast du zwar geringe Kräfte, aber du hast mein Wort bewahrt und meinen Namen nicht verleugnet. Siehe, ich gebe dir Leute aus der Gemeinde des Satans, die sich Juden nennen und es nicht sind, sondern Lügner. (Siehe,) ich will sie dazu bringen, daß sie kommen, sich vor dir niederwerfen und erkennen, daß ich dich liebe. Weil du das Wort vom Harren auf mich bewahrt hast, will ich auch dich vor der Stunde der Prüfung bewahren, die über den ganzen Erdkreis kommen wird, um die Bewohner der Erde zu prüfen. (Siehe,) ich komme bald. Halte fest, was du hast, damit dir niemand deine Krone raube. Wer siegt, den will ich zu einer Säule im Tempel meines Gottes machen. Sie soll nimmer entfernt werden. Ich will den Namen meines Gottes darauf schreiben und den Namen der Stadt meines Gottes, des neuen Jerusalem, das aus dem Himmel von meinem Gott herabkommt, sowie meinen eigenen neuen Namen.
Wer Ohren hat, der höre, was der Geist zu den Gemeinden spricht.

Der sechste Stern in der Hand des Weltenschöpfers richtet den Lichtstrahl in das Stirnchakra oder Dritte Auge. Ein entfaltetes Drittes Auge ist offen für Bilder aus dem geistigen Hintergrund und schaut in die Tiefe der geistigen Welt. *So spricht der Heilige, Wahrhaftige, der den Schlüssel Davids hat, der öffnet, daß niemand schließen kann, und der schließt, daß niemand öffnen kann.* Der Schlüssel Davids ist ein Sechsstern, der aus zwei sich ineinander versenkenden Dreiecken besteht. Er ist Symbol von einer

— 49 —

Durchdringung geistiger und irdischer Kräfte – aber auch des Dritten Auges. Wann jedoch die Öffnung des geistigen Auges geschieht, ist nicht willentlich vom Menschen beeinflußbar, sie wird geschenkt von der göttlichen Weisheit. *Aus dir selbst hast du zwar geringe Kräfte, aber du hast mein Wort bewahrt und meinen Namen nicht verleugnet.* Die Entfaltung dieses Chakras erfolgt aus der rechten Gesinnung in steter Verbindung mit der göttlichen Quelle der Liebe.

Es gibt auch Menschen, die nicht wahrhaftig genug sind. Doch auch sie werden erkennen, daß die Liebe allein die Verbindung zum kosmischen Christus ermöglicht.

Wer siegt, den will ich zu einer Säule im Tempel meines Gottes machen. Eine Säule ist Sinnbild der Verbindung zwischen Himmel und Erde, zwischen Geist und Materie. Sie ist auch tragende Kraft. Die seelische Verbindung zu den himmlischen Sphären bleibt für den Erwachten immer erhalten.

Ich will den Namen meines Gottes darauf schreiben – der geschriebene Name Gottes bedeutet die innige Verbindung mit der kosmischen Ebene des Christus-Bewußtseins. Eine Öffnung zu den lichtdurchströmten Sphären des göttlichen Daseins wird besonders in unserer Zeit eine tiefe Verbindung zu spirituellen Werten und Erkenntnissen führen. Diese Öffnung ermöglicht ein erweitertes Bewußtsein und eine neue Spiritualität im Leben der Menschen. Die Lichtsäule enthält *den Namen der Stadt meines Gottes, des neuen Jerusalem.* Es ist die Verbindung zu einer feineren, geistigen Schwingungsebene. Wer jedoch diese Sphäre der geistigen Welt bereits in sich geöffnet hat, ist in Verbindung zur göttlichen Quelle und stellt eine Säule dar, die das himmlische Licht in sich trägt und in dieser Welt verbreitet.

Nach Laodizea

*Dem Engel der Gemeinde in Laodizea schreibe: So spricht,
der das Amen ist, der treue und wahrhafte Zeuge, der Anfang der Schöpfung Gottes: Ich kenne deine Werke: Du bist
weder kalt noch warm. O daß du kalt oder warm wärest!
Weil du aber lau bist und weder kalt noch warm, so will ich
dich aus meinem Munde ausspeien. Du sagst ja: Ich bin
reich, ich habe Überfluß und brauche nichts mehr. Und du
weißt nicht, daß du elend und erbarmenswert bist, arm,
blind und nackt. Ich rate dir, kaufe von mir in Feuer geläutertes Gold, damit du reich werdest, und weiße Gewänder,
damit man deine schändliche Blöße nicht sehe, und Salbe
für deine Augen, damit du sehend werdest. Die ich liebe,
weise ich zurecht und züchtige sie. Werde eifrig und tu
Buße. Siehe, ich stehe vor der Türe und klopfe. Wer meine
Stimme hört und (mir) die Türe öffnet, bei dem will ich eintreten und das Mahl mit ihm halten und er mit mir.*
*Wer siegt, den will ich mit mir auf meinem Throne sitzen
lassen, wie auch ich gesiegt habe und mit meinem Vater auf
seinem Throne sitze.*
*Wer Ohren hat, der höre, was der Geist zu den Gemeinden
spricht.*

Der siebte Engel richtet seinen Lichtstrahl auf das Scheitel-
oder Kronenchakra. Dieses Zentrum öffnet zum Licht des
Himmlischen Vaters, zum göttlichen Seinsgrund. Licht
durchströmt den Körper als Lebensenergie, die Seele als
Liebe und den Geist als Weisheit.
   *So spricht, der das Amen ist, der treue und wahre Zeuge,
der Anfang der Schöpfung Gottes.* Das Amen oder das Om
ist der göttliche Ton des verströmenden Schöpferlichtes,
das wie eine wundersamen Melodie alles formt und zur
Entfaltung bringt. In einer wahrhaftigen tiefen Verbindung
zum Urgrund allen Lebens entfaltet sich die Seele des
Menschen als leuchtender Lichtkörper. *O daß du kalt oder*

warm wärest! Hier ist das Absolute gemeint, das keine Halbheiten erträgt. *So will ich dich aus meinem Munde speien* bedeutet die Verkümmerung des Seelenlichtes, wenn der Mensch nur an der irdischen Welt interessiert ist. Aus der Sicht des Geistes ist diese Welt erbarmenswert und armselig. Der seelische Reichtum jedoch ist unvergleichbar glücksverheißender. *Ich rate dir, kaufe von mir in Feuer geläutertes Gold, damit du reich werdest,* ist die Verheißung eines inneren Reichtums, der eine unendliche Glückseligkeit verspricht. Gold ist Symbol für das unvergängliche Licht. Die *schändliche Blöße* ist Mangel an innerem Licht und *Salbe für deine Augen* unterstützt die Öffnung des geistigen Auges.

Am obersten Punkt des Kopfes ist der Sitz des Kronenchakras, die Öffnung zum Licht des Himmels. *Siehe, ich stehe vor der Türe und klopfe.* Wenn alle Chakras geläutert sind, öffnet sich das Tor zur Vereinigung mit der höchsten Lichtquelle, mit dem strahlend weißen Lichte, das wie ein Diamant leuchtet. Diese Erfahrung schenkt höchste Wonne und innigste Verbindung mit dem unendlichen Urgrund und ist begleitet von einem ekstatischen Glücksgefühl. *Bei dem will ich eintreten und das Mahl mit ihm halten und er mit mir.* Dann vereint sich die Seele des Menschen mit dem großen Licht. Alles Irdische verliert seine Wichtigkeit, wenn diese gnadenreiche Vereinigung mit dem Licht des Himmels stattfindet. *Wer siegt, den will ich mit mir auf meinem Throne sitzen lassen ...* Erleuchtung bedeutet absolute Verschmelzung mit allem.

Die nachfolgenden Visionen geben einen Einblick in die Höheren Welten des Geistes. Boten des Lichtes oder Engelkräfte enthüllen sich dem geistigen Auge des Mystikers. Ähnliche Beschreibungen finden wir bei den Propheten des Alten Testamentes. Die sieben Siegel weisen auf die Zugehörigkeit der Schöpfung zum Schöpfer hin, dessen Gesetze im Kosmos gleichermaßen wirken wie im Menschen.

Das Buch der Ratschlüsse zeigt kompromißlos Läuterungsprozesse auf, wenn sich die Menschen entfernen von den Gesetzen der himmlischen Ordnung.

Gesicht über die Zukunft

DIE SIEBEN SIEGEL

Himmlisches Vorspiel

Das Gesicht vom Thronenden

Hierauf hatte ich ein Gesicht. Siehe, eine Türe war im Himmel offen. Die vorige Stimme, die ich wie eine Posaune zu mir hatte reden hören, sprach: Steige hier herauf. Ich will dir zeigen, was hernach geschehen soll. Sofort war ich im Geiste entrückt und siehe, ein Thron stand im Himmel, und auf dem Throne saß einer. Der Thronende war von Aussehen wie Jaspis- und Sardisstein. Den Thron umgab rings ein Regenbogen, der aussah wie ein Smaragd. Und rings um den Thron sah ich 24 Throne, und auf den Thronen saßen 24 Älteste, angetan mit weißen Kleidern und auf ihren Häuptern goldene Kronen. Von dem Throne gingen Blitze, Getöse und Donnerschläge aus. Vor dem Throne brannten sieben Feuerfackeln: das sind die Geister Gottes. Vor dem Throne war etwas wie ein kristallenes Meer. Gerade vor dem Throne und rings um den Thron waren vier Wesen voll Augen vorn und hinten. Das erste Wesen war gleich einem Löwen, das zweite gleich einem Stier, das dritte hatte ein Antlitz wie ein Mensch, das vierte glich einem fliegenden Adler. Von den vier Wesen hatte jedes sechs Flügel, ringsum und von innen voll Augen. Sie haben keine Rast bei Tag und bei Nacht und rufen: Heilig, heilig, heilig ist der Herr, der allmächtige Gott, der war und der ist und der kommt. Wenn die Wesen dem, der auf dem Throne sitzt und in alle Ewigkeit lebt, Ehre, Preis und Dank darbringen, dann fallen die 24 Ältesten nieder vor dem, der auf dem Throne sitzt, beten ihn an, der in alle Ewigkeit lebt. Sie legen ihre Kronen vor dem Throne nieder und rufen: Würdig bist du, Herr, unser Gott, Ehre, Preis und Macht zu empfangen. Denn du hast alles erschaffen. Durch deinen Willen ist alles geworden.

Hier wird deutlich, daß Johannes in höchste Lichtsphären schaute. Er durfte geistige Wirklichkeiten betrachten, die normalerweise dem Menschen verborgen sind. Eine großartige Vision, wie sie sich nur wenigen Auserwählten offenbart, zeigt den Ursprung der Schöpfung als Licht- und Kraftfeld höchster Ordnung und starker Elektrizität.

Ein Thron stand im Himmel, und auf dem Throne saß einer. Der Thron oder die geistige Sonne ist Licht und Energie. Er leuchtet smaragdgrün wie ein Regenbogen. Engelwesen, hier *24 Älteste* genannt, umgeben den Thron, die eine kosmische Ordnung von 24 oder 2 x 12 repräsentieren. *Und rings um den Thron sah ich 24 Throne.* Mächtige Ströme von Licht und Kraft strömt aus der Mitte wie *Blitze, Getöse und Donnerschläge.*

Die Zahl 24 spielte bereits in Babylon in der Verehrung von Göttergestirnen eine Rolle. In Persien verehrte man neben dem höchsten Gott 24 Götterwesen. Der große griechische Mathematiker und Weisheitslehrer Pythagoras kam zur Erkenntnis, daß der Kosmos 24 Glieder aufweist. Da der Makrokosmos sich im Mikrokosmos spiegelt, bedeutet die Zahl 24 in der irdischen Schöpfung eine Gliederung der Daseinsform. Sie zeigt ein harmonisches Gleichgewicht der Zeiteinheit des Tages und der Nacht, der 24 Stunden. Nicht zu vergessen, ist die symbolträchtige Weihnachtsfeier am 24. Dezember, die Geburt Jesu. Im römischen Kalender war

es der Tag des »sol invictus«, des unbesiegbaren Sonnen-
gottes. Auf der seelischen Ebene bedeutet dieses Fest die
Geburt des inneren Christus-Lichtes, das in die Welt der
Materie eingeht und uns stets begleitet durch die Kraft der
Liebe.

24 Pfingstflammen oder feurige Zungen verkündeten
den Anfang einer neuen Geist-Epoche. *Geister Gottes,* d.h.
Engelwesen verteilen das mächtige Liebeslicht. *Vor dem
Thron brannten sieben Feuerfackeln.* Die sieben Geister
Gottes begleiten die Seele der Menschen auf dem Weg zum
Licht. *Vier Wesen voll Augen vorn und hinten* preisen von
Begeisterung und Liebe erfüllt das unendliche Schöpfer-
licht.

Auch im alten Mesopotamien kannte man die vier We-
sen des Himmels als Astralgötter: Marduk, der Flügelstier,
Nergal der Flügellöwe, Ninurta der Adler und Nabu, der in
einem neuassyrischen Hymnus als »Öffner der Quellen«,
als Mensch erscheint. Später wurden die vier himmlischen
Kräfte symbolisch den vier Evangelisten zugeordnet: der
Stier Lukas, der Löwe Markus, der Adler Johannes und der
Mensch Matthäus.

Die vier geheimnisvollen Geistwesen wirken im Dienste
des Lichtes sowohl im unendlichen Firmament des Himmels als auch auf dem Planet Erde. Geistige Kräfte des
Himmels – oft als Cherubim bezeichnet – sind in inniger
Verbindung mit der irdischen Ebene, denn die kosmischen
Gesetze wirken auf allen Schwingungsebenen gleichermaßen. Die Vierheit zeigt sich in den Elementen Erde, Wasser, Feuer und Luft. Im Zodiak gehört der Stier zum Element Erde, der Löwe zum Element Feuer, der Skorpion
(fliegender Adler) zum Element Wasser und Wassermann
zum Element Luft. Die Viererordnung begegnet uns in den
Jahreszeiten, in den Himmelsrichtungen, in den Tempera-
menten, im Werden und Vergehen des Lebensalters, in den
Schwingungsfrequenzen des feinstofflichen Körpers des
Menschen und im Kreuz.

Das *kristallene Meer* scheint eine Urmaterie, die kristalline Sphäre des Christus-Logos oder Sohnschaft Gottes zu sein, aus der alles hervorgeht. Unsere sichtbare Welt ist materialisierte, göttliche Wirkungskraft, und sie ist die Lebensbasis aller Dinge. Die Höhere Ordnung fließt in die materielle Ebene, die nach feinstofflich ordnenden Matrizen ihre Formen erhält. Die geistigen Matrizen sind zarte, ätherische Kraftfelder.

Die dienenden *24 Ältesten* verneigen sich vor der Allmacht des göttlichen Thrones, dem Urquell aller Dinge.

Das nachfolgende Gebet von White Eagle begleitet uns sanft und liebevoll in die Welt des himmlischen Lichtes.

Gelassenheit

Alle Gedanken an die materielle Welt
wollen wir beiseite tun und die Verbindung
mit dem Ursprung des Lebens suchen.
O gütiger Geist, Alles-Entfaltende-Liebe, Licht und Leben,
wir kommen zu Dir, mit einfachem Herzen
und mit gelassenem Geist.
Nichts in unserem eigenen Herzen soll uns daran hindern,
weiter fortzuwandern in das große Licht.
Und wenn Sorgen und Leid uns begegnen,
so wollen wir bereit sein, Deiner Liebe und Weisheit
zu vertrauen, mit dem Wissen, daß Deine in Liebe
geöffneten Arme uns geborgen halten, ewiglich.
Denn Du bist Gnade, Gerechtigkeit und allumfangende Liebe.

Wir warten geduldig, mit offenem Herzen und offenem Geist,
die Schönheit Deines Lichtes zu empfangen.[8]

Das Buch der Ratschlüsse Gottes

Ich sah in der Rechten dessen, der auf dem Throne saß, ein Buch, innen und außen beschrieben und mit sieben Siegeln versiegelt. Und ich sah einen mächtigen Engel, der mit lauter Stimme rief: Wer ist würdig, das Buch zu öffnen und seine Siegel zu lösen? Doch niemand im Himmel und auf Erden und unter der Erde war imstande, das Buch zu öffnen und einzusehen. Da weinte ich sehr, weil niemand würdig befunden wurde, das Buch zu öffnen und einzusehen.

Einer von den Ältesten sprach zu mir: Weine nicht! Siehe, gesiegt hat der Löwe aus dem Stamme Juda, der Sproß Davids, um das Buch zu öffnen und seine sieben Siegel zu lösen. Da sah ich mitten vor dem Throne und mitten vor den Ältesten ein Lamm stehen wie geschlachtet. Es hatte sieben Hörner und sieben Augen: das sind die sieben Geister Gottes, ausgesandt über die ganze Erde. Es kam und empfing das Buch aus der Rechten dessen, der auf dem Throne saß.

Ein Buch mit *sieben Siegeln* wird geöffnet. Das Siegel war früher Repräsentant für Eigentum. Der Eigentümer des Buchs der Ratschlüsse ist die höchste göttliche Einheit. Seit alters her gilt die Sieben als heilige Zahl der Vollendung, der Fülle und Vollständigkeit.

Kein normal Sterblicher, nicht einmal die Engel haben die Möglichkeit, die göttliche Einheit zu fassen und alle Geheimnisse zu erkennen. Johannes geriet darüber in große Traurigkeit: *Da weinte ich sehr.* Kein Mensch kann sich die ganze Dimension außerhalb von Raum und Zeit vorstellen.

Wir sehen allerdings die Weltenschöpfung, die nach dem Gesetz der vollkommenen Zahl Sieben beschaffen ist. Die Schöpfung war vollkommen in sieben Tagen, wobei die Zeiteinheit von sieben Tagen symbolisch zu betrachten ist. Sie weist vielmehr auf die in allem innewohnende Siebenerordnung hin.

Nur einer ist würdig oder fähig die göttlichen Gesetze zu kennen, nämlich derjenige, der aus dem Lichte hervorging und sich selbst in die Materie einkleidete. Es ist der Christus-Geist, die geistige Sonne des Lichtes und der Liebe. *Gesiegt hat der Löwe* – der Löwe war früher ein weitverbreitetes Symboltier mit sonnenhafter Bedeutung und hatte einen engen Bezug zur Sonne. Er ist der Gottesaspekt des verströmenden Lichtes in das Schöpfungswerk, Licht, das sich von der väterlichen Quelle trennt und sich hingibt oder opfert. *Da sah ich mitten vor dem Throne und mitten vor den Ältesten ein Lamm stehen wie geschlachtet* – das Lamm – eine Zersplitterung des Lichtes, von der höchsten Sphäre ausgehend in alle Bereiche der materiellen Dimension als verborgenes Licht und Weltenseele. Die verborgene Weltenseele enthält die allumfassenden Gesetze des Himmels oder Geistes.

Die Visionen des Johannes gewähren uns einen Einblick in die Wirkungskräfte der geistigen Sphären. Sieben Schwingungsfrequenzen werden sinnbildlich gezeigt als *sieben Hörner und sieben Augen*. Das *Lamm wie geschlachtet* zeigt bildhaft das Eintauchen des göttlichen Lichtes in die Welt des Werdens und Vergehens oder in Maya, unsere materielle Welt geformt nach Gesetzen der göttlichen Seinsebene. Christus, die Sohnschaft Gottes zeigt die Einbindung des göttlichen Lichtes in die Materie, *das sind die sieben Geister Gottes, ausgesandt über die ganze Erde.* Jesus Christus ist die absolute Vollkommenheit und Einheit mit der väterlichen Lichtquelle und ist vertraut mit den Gesetzen des Himmels und der Erde. Er verkörpert diejenige Kraft, die die sieben Siegel zu öffnen vermag und den Menschen mit dem göttlichen Licht vereint, indem die Chakras durch die Kraft der Liebe geöffnet werden, denn im Menschen bilden die sieben Chakras die sieben Siegel. Diese entscheidende Öffnung, einhergehend mit der spirituellen Entfaltung, kann jedoch nur geschehen, wenn das innewohnende Licht durch die Kraft der Liebe entfaltet wird.

Das nachfolgende Gebet von White Eagle helfe uns auf dem Weg des Lebens!

Das schlichte Zu-Hause der Liebe

Großer Geist der Liebe,
wir wollen darum beten,
Deiner glorreichen Herrlichkeit
immer mehr gewahr zu werden;
auf daß unser Licht strahlender
und beständig werde,
damit die anderen, die des Lebens Reise tun,
das Licht erblicken können,
und wir sie willkommen heißen
in dem schlichten Zu-Hause der Liebe,
das wir aufbauen wollen für alle,
die den Weg des Lebens mit uns wandern.[9]

Huldigung und Lobpreis

Als das Lamm das Buch empfing, fielen die vier Wesen und die 24 Ältesten vor dem Lamme nieder. Jeder hatte eine Harfe und goldene Schalen voll Weihrauch: das sind die Gebete der Heiligen. Sie singen ein neues Lied: Würdig bist du, (Herr,) das Buch zu empfangen und seine Siegel zu öffnen. Denn du bist geschlachtet und hast uns durch dein Blut losgekauft aus allen Stämmen, Sprachen, Völkern und Nationen. Du hast sie für Gott zu Königen und Priestern gemacht, und sie werden auf der Erde herrschen. Wie ich hinsah, hörte ich rings um den Thron, um die vier Wesen und die Ältesten die Stimme vieler Engel. Ihre Zahl ging in die Tausende und aber Tausende. Sie sangen mit lauter Stimme: Würdig ist das Lamm, das geschlachtet ist, zu empfangen Macht, Reichtum, Weisheit, Kraft, Ehre, Preis und Lob. Und die ganze Schöpfung im Himmel, auf Erden, unter der Erde und auf dem Meere, alles, was darin ist, hörte ich singen: Ihm, der auf dem Throne sitzt, und dem Lamme sei Lob, Ehre, Ruhm und Macht in alle Ewigkeit. Die vier Wesen riefen: Amen. Und die (24) Ältesten fielen nieder und beteten an.

Johannes schaute in dieser Vision, wie das Buch, Sinnbild göttlicher Weisheit, dem Lamm übergeben wird. Die himmlischen Hierarchien dienen ihm. Es dürfte sich bei den 24 Ältesten um seraphische Lichtwesen handeln, die in glühender Begeisterung Gott loben und preisen und eine symbolische Ordnungszahl darstellen. Ihre Huldigungen werden unterstützt durch die *Gebete der Heiligen.* Das Bild des Lammes ist Symbol für strömende Lebenskraft und auch für den gekreuzigten Heiland. *... und hast uns durch dein Blut losgekauft aus allen Stämmen, Sprachen und Nationen.* Hier wird wunderbar beschrieben, wie die Christus-Kraft, das Blut genannt – nicht nur physischer Lebenssaft, sondern vor allem seelische Lebensenergie – den feinstofflichen Körper mit Lichtenergie versorgt. Geöffnet zum Licht bedeutet Harmonie auf allen Ebenen: in Körper, Seele und Geist. Alle guten Tugenden entfalten sich im Licht des kosmischen Christus und die Lichtwesen des Göttlichen nähren die menschliche Seele. *Du hast sie für Gott zu Königen und Priestern gemacht.*

Tausende und aber Tausende von Engelwesen umgeben die unvorstellbare Lichtquelle. Zu den seraphischen Engeln mit der symbolischen Zahl 24 sind die Cherubim Kräfte der Viererordnung und bringen die göttliche Weisheit in alle Dinge. Sie alle dienen dem Allerhöchsten und derjenigen Kraft, die sich hingibt in die Schöpfung: *Würdig ist das Lamm, das geschlachtet ist, zu empfangen Macht, Reichtum, Weisheit, Kraft, Ehre, Preis und Lob.*

Die Chöre der Engel bedeuten aber zugleich die stufenweise Entwicklung der menschlichen Seele, denn die Welten des Himmels sind nicht außerhalb des Menschen, sie sind in ihm.

Das innere Licht schenkt allen Menschen die Möglichkeit, durch die Liebe immer durchlässiger für die geistige Welt des Himmels zu werden. Das verströmende Licht des Thrones ist reinste Liebe. Sieben göttliche Eigenschaften breiten sich in allen Sphären aus, in der ganze Schöpfung.

Sieben Siegel

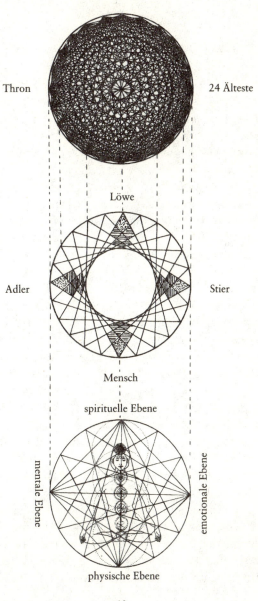

Öffnung der ersten sechs Siegel

Die Entsiegelung des Buches

Nun sah ich, wie das Lamm das erste der sieben Siegel öffnete. Und ich hörte das erste der vier Wesen wie mit Donnerstimme rufen: Komm (und sieh)! Ich schaute hin, und siehe, ein weißes Roß. Der darauf saß hatte einen Bogen. Ihm wurde ein Kranz gereicht. Damit zog er aus von Sieg zu Sieg.

Als es das zweite Siegel öffnete, hörte ich das zweite Wesen rufen: Komm (und sieh)! Da kam ein anderes, feuerrotes Roß hervor. Dem, der darauf saß, wurde gegeben, den Frieden von der Erde zu nehmen, so daß die Menschen einander hinmordeten. Darum wurde ihm ein großes Schwert gereicht.

Als es das dritte Siegel öffnete, hörte ich das dritte Wesen rufen: Komm (und sieh)! Ich schaute hin, und siehe, ein schwarzes Roß. Der darauf saß, hatte eine Waage in der Hand. Ich hörte, wie eine Stimme inmitten der vier Wesen rief: Ein Maß Weizen für einen Denar und drei Maß Gerste für einen Denar. Aber Öl und Wein schädigt nicht.

Als es das vierte Siegel öffnete, hörte ich die Stimme des vierten Wesens rufen: Komm (und sieh)! Ich schaute hin und siehe, ein fahles Roß. Der darauf saß, hieß der Tod. Ihm folgte das Totenreich. Es wurde ihnen Macht über den vierten Teil der Erde gegeben, zu töten durch Schwert und Hunger, durch Pest und durch die Tiere der Erde.

Die ersten vier Siegel des Buches – das Buch der göttlichen Gesetze – werden geöffnet. Die vier Wesen – die Verkörperung der göttlichen Weisheit in allen Welten – bezeugen mit Donnerstimme das Hervortreten ihrer Vierheit, das sich aus der Mitte der göttlichen Geistsonne in alle vier Himmelsrichtungen ausgießt. Symbolisch erscheint diese Vierheit durch vier verschiedenfarbige Pferde.

Johannes offenbaren sich himmlische Bilder – Wesenskräfte der kosmischen Ordnung. Die himmlische Ordnung reicht vom höchsten Thron bis in jede kleinste Zelle unseres Lebens. Diese Vision beinhaltet eine weltumspannende, kosmologische Aussage und beschreibt den Zeitenlauf in allen Dingen. Alles Werden und Vergehen lebt in einer zeitlich geregelten Ordnung. Morgen – Mittag – Abend – Nacht oder Frühling – Sommer – Herbst und Winter bedeuten: Wachstum – Reife – Ernte – Ruhe. Alles Werden und Vergehen untersteht dieser Ordnung. Das Rad der Zeit hält niemand auf. Der Mensch durchschreitet sein Leben in vier Zeitabschnitten: Kindheit – Reife – Alter – Tod. Wenn die Zeit sehr schnell vorbeigeht, geht sie im Galopp. Wo immer Leben entsteht, wächst, reift und stirbt, sind die vier Rosse zugegen.

Vier grundlegende Bewußtseinsebenen wirken durch den Menschen auf dem geistigen Weg des inneren Wachstums:

Die *spirituelle Ebene* wird mit dem weißen Roß dargestellt. Dieser Ebene gehört der Sieg und der Kranz der Vollkommenheit, denn sie verbindet den Menschen mit dem göttlichen Licht. *Damit zog er aus von Sieg zu Sieg.* Die Sonne geht im Osten auf und ist ein Symbol des göttlichen Lichtes.

Die *Mentalebene* zeigt sich als rotes Pferd mit einem Schwert. Wir kennen die Bedeutung des Schwertes aus den Tarotkarten, wo es die Mentalkraft des Menschen symbolisiert. Gedanken können den Menschen in Gut oder Böse verwickeln, wie das zweischneidige Schwert zeigt. Das Schwert und die Farbe Rot zeigen auf Aggression und Kampfeslust.

Die *Emotionalebene* enthält die Welt der Gefühle, dargestellt als schwarzes Pferd. Die Waage zeigt die Gerechtigkeit als weises karmisches Gesetz. Die Gefühle richten sich nach den Gedanken, und alles, was dem Gesetz der Liebe

– 65 –

widerspricht, bringt emotionales oder seelisches Leid. Öl und Wein sind offenbar Symbole für die Liebestaten des Menschen.

Die *physische Ebene* enthält die Welt der Sinne und die Vergänglichkeit des physischen Leibes, dargestellt als fahles Pferd. Die himmlische Lichtwelt entfernt sich in dem Maße, wie die Seele des Menschen an irdischen Dingen festhält. Das Vordergründige hält die Seele gefangen und trennt sie von der Welt des Lichtes. In Wahrheit wirkt der reine Geist als Licht durch alles. Er bestimmt den Zeitenlauf, und wenn der Zeitpunkt gekommen ist, segnen wir das Zeitliche, und die Seele kehrt zurück in die Welt des reinen Lichtes.

So wie die vier Himmelsrichtungen einen Bezug zu Raum und Zeit haben, enthält das Symbol der vier Pferde den schöpferischen Aspekt des Zeitenlaufes. Pferde standen in alten Zeiten dem Mondprinzip nahe. Auch der Mond zeigt vier Phasen: er ist zunehmend, voll, abnehmend und leer. Das weiße Pferd jedoch wird erhoben zum sonnenhaften Himmelstier, zum Reittier der Götter und zum Christus-Symbol.

Johannes schaute eine himmlische Ordnung. Die vier Rosse zeigen das Grundgesetz des Zeitenlaufes. Das göttliche Buch der Ratschlüsse hat sieben Siegel. Wir können die Zahlen Vier und Sieben auf den ganzen menschlichen Einweihungsweg beziehen. Kosmische Wirkungskräfte sind kreative Energien einer unendlichen Ordnung. Sie wirken analog in allen Dimensionen, im großen wie im kleinen. Die vier ersten Siegel können auch einen Bezug zu den unteren vier Chakras haben. Das Herzchakra oder Liebeszentrum ist geöffnet zum Christus-Licht und verströmt es in diese Welt wie eine leuchtende Sonne. *Ihm wurde ein Kranz gereicht.*

Verfolgung der Gläubigen

Als es das fünfte Siegel öffnete, sah ich unter dem Altare die Seelen derer, die hingemordet waren um des Wortes Gottes willen und wegen des Zeugnisses, das sie hatten. Sie riefen mit lauter Stimme: Bis wann, heiliger und wahrhaftiger Herr, richtest du nicht und rächest unser Blut an den Erdenbewohnern? Da wurde jedem von ihnen ein weißes Gewand gegeben und gesagt, sie sollten sich noch eine Weile gedulden, bis ihre Mitknechte und Brüder vollzählig wären, die gleich ihnen den Tod erleiden müßten.

Der Einweihungsweg führt aus der Vierheit der Materie in die Zahl Fünf, die Zahl des erwachten Menschen. Das fünfte Chakra, das Halschakra, ist die Pforte zum Heiligen Geist, der durch das Wort, d. h. durch zarte Inspirationen mit der menschlichen Seele kommuniziert.

Der Weg des Mystikers führt in eine Welt des Lichtes und der Liebe. Das Loslassen von eigennützigem Verhalten und materiellen Verhaftungen kann durchaus als Tod des Äußeren betrachtet werden. Die Belohnung dafür ist eine grenzenlose Freiheit und Leichtigkeit.

Echte Spiritualität hat aber in der heutigen Zeit der Hektik wenig Raum und ist ein stiller, oft einsamer Weg. Diejenigen Seelen, die das Seelenlicht entzündet haben, kennen das Gesetz des Karmas. Menschen, die den inneren Weg beschreiten, wecken bei den Mitmenschen oft Ängste, weil sie eine ungeahnte Freiheit in sich tragen, die sich über alle Machenschaften von Prestige und Habgier erhebt. Jedes Verhalten, das gegen das göttliche Gesetz verstoßt, wird korrigiert. Jeder Gedanke hat ein Energiepotential, das nicht verlorengeht, sondern im kosmischen Bewußtsein eingespeist wird. Aber in der Lichtsphäre des Himmels gibt es keine Ränge und wichtige Stellungen, hier zählt nur die Reinheit der Liebe, die sich durch die weißen Gewänder ausdrückt. *Da wurde jedem von ihnen ein weißes Gewand*

— 67 —

gegeben. Was hingemordet wird, sind die Verhaftungen im Irdischen.

Erschütternde Naturereignisse

Als es das sechste Siegel öffnete, sah ich, wie ein großes Erdbeben entstand. Die Sonne wurde schwarz wie ein härenes Trauergewand und der ganze Mond rot wie Blut. Die Sterne fielen auf die Erde, wie der Feigenbaum seine Früchte abwirft, wenn er von einem starken Winde geschüttelt wird. Der Himmel wich zurück wie eine Buchrolle, die man zusammenrollt. Jeder Berg und jede Insel wurden von ihrer Stelle gerückt. Die Könige der Erde, die Großen, die Kriegsobersten, die Reichen und die Mächtigen, alle Sklaven und Freien verbargen sich in Höhlen und Bergklüften. Sie riefen den Bergen und Felsen zu: Fallt über uns und verbergt uns vor dem Angesicht dessen, der auf dem Throne sitzt, und vor dem Zorn des Lammes. Denn der große Tag ihres Zornes ist gekommen. Wer kann da bestehen?

Johannes beschreibt in dieser Vision ein großes Ereignis von weltumspannender Bedeutung. Die geistigen Gesetze wirken ordnend und gerecht im Makro- und Mikrokosmos. Eingriffe in die schöpferische Ordnung, auch wenn sie nur in kleinsten Zellstrukturen vollzogen werden, können Auswirkungen haben, die den ganzen Kosmos erschüttern, weil die ganze Schöpfung ein Gefüge von Spiegelungen ist. Greift der Mensch respektlos in das Gefüge des großartigen Schöpferwerkes ein, sorgen geistige Mächte für die Wiederherstellung der Ordnung. Johannes wie auch viele andere Propheten schauten erschütternde Bilder einer Erde, deren Bewohner kollektiv in große Bedrängnis geraten sind, weil die Kräfte des Himmels erschüttert werden. *Der Himmel wich zurück wie eine Buchrolle, die man zusammenrollt.*

Einen wichtigen Aspekt dieses erschütternden Bildes dürfen wir nicht außer acht lassen, denn die geistigen Gesetze wirken auf dem seelischen Entwicklungsweg gleichermaßen. Das Öffnen des sechsten Siegels könnte gleichbedeutend sein mit dem Öffnen des sechsten Chakras, des Dritten Auges. Bevor sich dieses Chakra entfaltet, wird die Seele meistens durch großes Leid geläutert. Erst dann werden Erkenntnisse und Einsichten geschenkt, die das herkömmliche Weltbild erschüttern – Einblicke in die geistigen Sphären außerhalb der irdischen Welt, so daß das irdische Denken in seinen Grundmauern erschüttert wird. Erleuchtetes Denken läßt alles Irdische vor dem Licht der himmlischen Dimension verblassen. Die Schwingungsebene der diesseitigen Welt verliert angesichts der himmlischen Sphäre an Bedeutung.

Doch dürfen wir uns der ersten Interpretation nicht verschließen, denn es geht in diesen Bildern um eine große Reinigung und Erneuerung der ganzen Welt, einer Welt, die sich vom göttlichen Gesetz der Liebe entfernt hat. So könnte das sechste Siegel auf eine globale Katastrophe von unvorstellbarem Ausmaß hinweisen. *Jeder Berg und jede Insel werden von ihrer Stelle gerückt.* Am ehesten könnte es sich um einen Aufprall eines Kometen auf die Erde handeln, um eine gigantische Atomexplosion oder um ein sonstiges ungeahntes, zerstörerisches Feuer. Viele Propheten aus verschiedenen Zeitepochen sprechen von einem solchen Ereignis. Sogar Astrologen sehen schwierige Zeichen am Himmel, die darauf hinweisen, daß etwas Außergewöhnliches zu erwarten ist.

Es bleibt nur eine Möglichkeit, diese weltweiten Korrekturen an menschlichen Verirrungen zu überstehen – nämlich durch die Verwirklichung von Licht und Liebe, damit die Seele jene lichtvolle Schwingung aufweist, die die Rückverbindung zum Höchsten Licht gestattet. *Wer kann da bestehen?*

Der nachfolgende Psalm zeigt den seelischen Weg des Lichtes. Wir begegnen hier einer ähnlich dramatischen Schilderung von einer mächtigen Erneuerung der Erde. Diese Erneuerung zeigt einen Weg, auf dem alles Dunkle und Trennende ausgerottet und zerstört wird.

Sobald also mein leuchtendes Gewand kommt
und den kleidet, der es zu tragen vermag, –
sobald sich mein süßer Wohlgeruch trennt von ihrem
Gestank, sobald meine Brüder in ihrem Zeitalter
vollkommen sind, sobald meine Schwester, die Stunde
des Lichtes, heraufkommt und das Land des Lichtes
wieder erblickt:

Dann werde ich meinen Fuß auf die Erde schlagen
und ihre Finsternis versenken.
Dann wird mein Haupt ihre Überheblichkeit
zerschmettern.
Dann werde ich ihr Firmament schütteln
und die Sterne herabfallen lassen wie Hagel.
Dann werde ich die Finsternis entwurzeln und hinauswerfen und an ihrer Stelle das Licht einpflanzen.
Dann werde ich das Böse ausrotten und hinauswerfen
und an seiner Stelle das Gute wachsen lassen.

Die Welt wird voller Herrlichkeit sein.
Die Erde wird ohne Mißtrauen noch Zweifel sein.
Die ganze Welt wird in Gerechtigkeit und Frieden leben.
Kein Wort der Sünde wird mehr gesprochen werden.
Überall werden Lichtträger voll Freude sein.
Was dem Leben eigen ist, wird gerettet sein.

Die Lebenden werden zurückkehren zu ihresgleichen.[10]

— 70 —

Himmlisches Zwischenbild

Die Auserwählten

Darauf sah ich vier Engel an den vier Enden der Erde stehen. Sie hielten die vier Winde fest, damit kein Wind wehe über Land und Meer oder irgendeinen Baum. Dann sah ich einen andern Engel vom Sonnenaufgang aufsteigen, der das Siegel des lebendigen Gottes trug. Er rief mit lauter Stimme den vier Engeln zu, denen die Macht gegeben war, Land und Meer zu schädigen: Schädigt nicht Land noch Meer noch Bäume, bis wir die Knechte Gottes auf ihren Stirnen gesiegelt haben. Ich hörte die Zahl der Gesiegelten: 144 000 Gesiegelte aus allen Stämmen der Söhne Jsraels:
Zwölftausend aus dem Stamme Juda
Zwölftausend aus dem Stamme Ruben
Zwölftausend aus dem Stamme Gad
Zwölftausend aus dem Stamme Aser
Zwölftausend aus dem Stamme Nephthali
Zwölftausend aus dem Stamme Manasse
Zwölftausend aus dem Stamme Simeon
Zwölftausend aus dem Stamme Levi
Zwölftausend aus dem Stamme Jssachar
Zwölftausend aus dem Stamme Zabulon
Zwölftausend aus dem Stamme Joseph
Zwölftausend aus dem Stamme Benjamin.

Johannes zeigt uns mit dieser Vision die Mächte der Cherubim, die Engel der Viererordnung in allen Welten. Sie schauen auf den Engel des Sonnenaufgangs, der ein Symbol sein könnte für das neue Zeitalter des Wassermanns, ein Zeitalter einer neu erwachenden Spiritualität und Gottesverbindung im kosmischen Christus. Stille und Ruhe scheinen die Bedingungen zu sein, um dieses Bewußtsein zu erlangen. Dieses Bild weist aber auch auf eine Neubesinnung inmitten großer Verwirrungen, wo die Seele einen neuen spirituellen Weg sucht, der zum göttlichen Liebeslichte zurückführt.

Er sieht Tausende von Gesiegelten oder Auserwählten. Das Siegel ist hier ein Symbol der Zugehörigkeit zum göttlichen Licht. Das Bild der Auserwählten zeigt ein wunderbares Bild des erreichten Friedens. Eine große Stille ist eingetreten, die Vierheit ist still geworden – die Seele ruht in der göttlichen Umarmung in allem Sein. Viele Seelen sind am Ziel und erhalten das Siegel des Lichtkreuzes des kosmischen Christus. Dies bedeutet eine tiefe Verbindung zum innewohnenden neu erwachten Christus-Bewußtsein. Das Zeitalter des Wassermann öffnet eine neue Bewußtseinsstufe, denn der Mensch steht in einer stetigen Evolution zum Lichte hin.

Aber es gibt schwerwiegende Korrekturen, wenn sich der menschliche Geist in die Gegenrichtung bewegt und vom Licht entfernt. In einer solchen Phase befindet sich noch ein großer Teil der Menschheit in der heutigen Zeit. Bevor jedoch die große Veränderung kommt, haben alle Menschen die Möglichkeit, ihr seelisches Potential zu entfalten.

Von 144 000 Auserwählten ist die Rede, was wahrscheinlich einem kosmischen Gesetz der Zahl 12 entspricht, ein Symbol der raumzeitlichen Vollendung. Bereits die Babylonier betrachteten die 12 als heilige, glückbringende Zahl. *Ich hörte die Zahl der Gesiegelten: 144 000 Gesiegelte aus allen Stämmen der Söhne Israels*, d. h. 12 mal 12 000 aus aller Welt. Alle Auserwählten sind eine Potenzierung der Zahl 12, eine Ordnungs- und Meßzahl. Es ist eine Zahl der Vollkommenheit, die sich aus der irdischen Vier und der göttlichen Dreiheit zusammensetzt. Im alten babylonischen Kalender ergaben zwölf Monde ein Jahr. Sie entsprachen dem Jahresbogen der Sonnenumlaufbahn.

Abgesehen von der Zwölfereinteilung des Tierkreiszeichens wird auch der Tag in 2 mal 12 Stunden eingeteilt. 12 Söhne Jakobs, 12 Apostel, 12 Edelsteine auf dem Brustschild des jüdischen Hohepriesters, 12 Tore des himmlischen Jerusalems, das wir in einem späteren Abschnitt kennen lernen, weisen auf eine vollendete Zeitspanne hin.

Die Entwicklung der menschlichen Seele wird in der Verbindung zum kosmischen Christus-Bewußtseins eine gewaltige Erneuerung erfahren. Alles, was schließlich zählt, ist die Liebe, denn sie ist im Einklang mit dem göttlichen Licht. Alles übrige, alle momentanen Verwirrungen der Menschheit verlieren zusehends an Bedeutung.

Der Frieden der Sphären des Lichtes
sei in unserem Herzen.
Der Segen des Christus-Geistes
verkläre und verschöne
unser Leben, jetzt und immerfort.[11]

Die Heiligen vor Gott

Darauf sah ich eine große Schar, die niemand zählen konnte, aus allen Völkern, Stämmen, Geschlechtern und Sprachen. Sie standen vor dem Throne und vor dem Lamme, angetan mit weißen Gewändern und mit Palmen in ihren Händen. Sie riefen mit lauter Stimme: Heil unserem Gott, der auf dem Throne sitzt, und dem Lamme. Alle Engel standen rings um den Thron, um die Ältesten und die vier Wesen. Sie fielen vor dem Throne auf ihr Angesicht nieder, beteten Gott an und sprachen: Amen, das Lob und der Preis, die Weisheit und der Dank, die Ehre, Macht und Herrlichkeit unserem Gott in alle Ewigkeit. Amen.

Einer von den Ältesten nahm das Wort und fragte mich: Wer sind die mit den weißen Gewändern und woher kommen sie? Ich erwiderte ihm: Mein Herr, du weißt es. Da sprach er zu mir: Sie sind es, die aus der großen Drangsal kommen. Sie haben ihre Gewänder gewaschen, rein gewaschen im Blute des Lammes. Deswegen sind sie vor dem Throne Gottes und dienen ihm Tag und Nacht in seinem Tempel. Der auf dem Throne sitzt, wird über ihnen zelten. Sie werden nicht mehr hungern noch dürsten, Sonnenglut und Hitze wird sie nicht mehr sengen. Denn das Lamm inmitten des Thrones wird sie weiden und sie zu den Wasserquellen des Lebens führen, und Gott wird jede Träne von ihren Augen abwischen.

Diese Vision gibt einen tröstlichen Einblick in den Reichtum des himmlischen Lichtes. Unzählige geläuterte Seelen sind vereint mit dem höchsten Licht, *angetan mit weißen Gewändern und mit Palmen in ihren Händen.* In der Antike war der Palmenzweig ein Symbol des Sieges bei öffentlichen Spielen. Die immergrünen Blätter der Palme sind jedoch auch Symbol für Freude, Frieden und ewiges Leben. Die vom Christus-Licht durchströmten Seelen sind erfüllt von höchster Glückseligkeit, umgeben von unzähligen Engelscharen, die dem Lichte dienen. Unzählige Menschen stehen im weißen Licht und sind vereint mit der feinstofflichen Geisteswelt. Sie haben sich von den Drangsalen der Ichsucht befreit und sind voller Freude und voller Lob für die Glückseligkeit des Lichtes. In dieser innigen Verbindung werden sie erquickt und erfahren jederzeit Trost und Freude. Das Christus-Licht der Liebe hat sie mit seiner Kraft geläutert und die Vereinigung mit dem Höchsten ermöglicht.

Johannes hatte die Gnade, als irdischer Mensch in die himmlischen Sphären zu schauen, ein Dialog entsteht mit dem Ältesten und ihm. *Mein Herr, du weißt es.*

Das Lichtkreuz,
das dem Universum Leben gibt,
ich erkenne es und glaube daran.

Denn mein Seelenwesen ist davon ein Abbild.

Und aus dem Licht wird alles Leben ernährt.
Doch die Blinden können es nicht begreifen.

Ich habe Deinen guten Kampf gekämpft, oh Herr.[12]

Öffnung des siebten Siegels

Vorbereitung neuer Plagen

Als es (das Lamm) das siebte Siegel öffnete, trat eine Stille im Himmel ein, wohl eine halbe Stunde lang. Ich sah die sieben Engel, die vor Gott stehen. Es wurden ihnen sieben Posaunen gegeben. Dann kam ein anderer Engel und trat zum Altare. Er hielt eine goldene Rauchschale. Man gab ihm viel Räucherwerk, damit er es mit den Gebeten der Heiligen auf dem goldenen Altare vor dem Throne (Gottes) darbringe. Der Duft des Räucherwerkes stieg mit den Gebeten der Heiligen aus des Engels Hand vor Gott empor. Dann nahm der Engel das Rauchfaß, füllte es mit Feuer vom Altar und schleuderte es zur Erde nieder. Da entstanden Donnerschläge, Getöse, Blitze und Erdbeben. Und die sieben Engel mit den sieben Posaunen schickten sich an zu posaunen.

Johannes sah *sieben Engel,* die im Dienste des göttlichen Liebeswillens und der himmlischen Gesetze stehen. Es sind die sieben Geister Gottes, die die himmlische Ordnung in alle Welten tragen – vom unendlichen All bis in die kleinste Zelle eines Lebewesens. *Es wurde ihnen sieben Posaunen gegeben.* Unüberhörbar sind ihre Warnungen vor Fehlhaltungen und Verstößen gegen das in allem innewohnende göttliche Gesetz.

Johannes sah aber auch die Wirkungskraft der Gebete und wie deren Energie, vergleichbar mit duftenden Essenzen, bis zum höchsten Thron getragen wird. *Man gab ihm viel Räucherwerk, damit er es mit den Gebeten der Heiligen auf dem goldenen Altare vor dem Throne darbringe.*

Die große Stille könnte eine Stille vor dem Sturm sein. Die Entwicklung der heutigen Menschheit aufgrund ihrer verhängnisvollen Verhaltensweisen ist in einer derart großen Verwirrung, daß die kosmischen Mächte eine Korrektur vornehmen müssen.

Ein Engel schöpft aus der Quelle des Lichtes und schleudert die Kraft der Erneuerung auf die Erde. *Da entstanden Donnerschläge, Getöse, Blitze und Erdbeben.* Das Rauchfaß ist Symbol der Verbindung von Himmel und Erde oder von Geist und Materie. Darin erkennen wir die Macht der geistigen Welt.

Johannes sah, daß alles, was nicht in Verbindung mit dem Licht der Liebe steht, einer Reinigung und Erneuerung bedarf. Dies betrifft die individuelle Entwicklung ebenso wie den ganzen globalen Bereich. Das himmlische Feuer zerstört alles, was nicht im Einklang steht mit dem Gesetz der Liebe, denn Licht ist Liebe.

Der seelische Entwicklungsweg untersteht dem Gesetz der Siebenerordnung. Die siebte Stufe ist eine Verschmelzung mit den Sphären des Lichtes. die erst durch die totale Entledigung aller Anhaftungen erreicht wird. Dieser seelische Läuterungsprozeß ermöglicht die Entfaltung des göttlichen Lichtes im feinstofflichen Körper. Der innere Weg ist vergleichbar mit einer gewaltigen Reinigung, wie sie in den Visionen beschrieben wird.

Ohne Zweifel sah Johannes in unser 20. Jahrhundert, in dem himmlisches Feuer das neue Bewußtsein der Menschen erfüllt. Fehler werden erkannt, und eine fatale, falsche Entwicklung muß korrigiert werden. Die Menschen haben sich zu weit vom göttlichen Gesetz der Liebe entfernt und leben nicht mehr im Einklang mit der Höheren Ordnung. Es geht in erster Linie darum, die Gesinnung der Menschen zu erneuern. Alles Übrige untersteht der Geisteskraft des Menschen und richtet sich nach ihr aus.

Das Element Feuer hat viele Facetten. Es kann zerstörerisch sein oder transformiert werden zum Feuer der Liebe. Viele Fehlentwicklungen resultieren aus einem außer Kontrolle geratenem Element Feuer. Das Rauchfaß mit dem

Feuer des Altares, das auf die Erde geschleudert wird, kann durchaus die Erfindung der Elektrizität als Beginn einer ungeahnten, naturentfremdeten Entwicklung unseres Jahrhunderts bedeuten. Wir haben das Element Feuer im Strom, im Atomkraftwerk, in allen Atombomben, in Motoren und Maschinen – überall in großer Zahl. Eine ungeahnte Disharmonie der Elemente erzeugt die vielen, nicht mehr kontrollierbaren Probleme und Drangsalen des ausgehenden 20. Jahrhunderts. Der Beginn des Industriezeitalters mit allen Ideen, Inspirationen geistiger Kräfte, führte – ohne die verheerenden Folgen erahnend – zum großen Debakel und bedroht nun die ganze Lebensbasis der Menschen.

Die sieben Engel mit den sieben Posaunen – Repräsentanten der göttlichen Gesetze – schicken sich an zu blasen, denn die Folgen der rücksichtslosen, nur noch auf Rendite ausgerichtete Zerstörung der Lebensbasis bedarf einer erneuernden Denkweise. Der natur- und gottentfremdete Lebensstil der Menschen verstößt gegen das oberste Harmoniegesetz der kosmischen Kräfte.

Kein Lebewesen und keine Pflanze kann ohne geistige Lichtkräfte wachsen und gedeihen. Kosmos, Mensch und alles Leben auf der Erde unterstehen einer Höheren Ordnung. Der Mensch ist ein Abbild dieser Ordnung.

Die sieben Posaunen dringen ins Bewußtsein als Warnung vor der weltweiten Zerstörung der Lebensbasis in der Natur und vor der Trennung vom göttlichen Licht der Liebe. Mit Besorgnis müssen wir hier betrachten, was geschieht, wenn die sieben inneren Lichter des Seelenbaumes nicht angezündet werden. Wenn die Seelen der Menschen im Dunkeln verharren, d. h. abgesondert vom Licht der Liebe aus der göttlichen Quelle, leiden sie unendliche Qualen. Wie das Innere des Menschen, so ist das Äußere. So können wir Stufe um Stufe betrachten, welche dramatischen Folgen sieben geschlossene Energiezentren der Menschen im Äußeren haben.

Sieben Posaunen

Bewußtwerden von Fehlhaltungen – Selbsterkenntnis

Zwei Zeugen – Einsicht oder Zerstörung
Sieben Donner – brüllender Löwe – Warnung

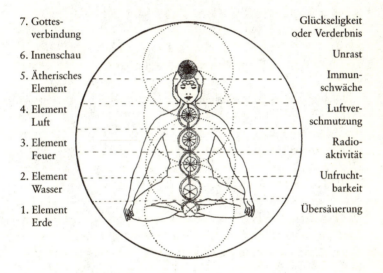

7. Gottes-
verbindung

6. Innenschau

5. Ätherisches
Element

4. Element
Luft

3. Element
Feuer

2. Element
Wasser

1. Element
Erde

Glückseligkeit
oder Verderbnis

Unrast

Immun-
schwäche

Luftver-
schmutzung

Radio-
aktivität

Unfrucht-
barkeit

Übersäuerung

DIE SIEBEN POSAUNEN

Die ersten sechs Posaunen

Die ersten vier Posaunen

Der erste Engel posaunte, und es entstand Hagelschlag und Feuer mit Blut gemischt, und wurde auf die Erde geschleudert. Der dritte Teil der Erde verbrannte, der dritte Teil der Bäume verbrannte, und alles Grün verbrannte.

Die Posaune galt bereits im Alten Testament als Instrument der Warnung. Sie wurde geblasen, wenn sich ein Heer zum Krieg sammeln mußte oder wenn eine sonstige Gefahr das Volk bedrohte. Es ist ein klangstarkes, unüberhörbares Musikinstrument. In den Visionen des Johannes ertönen sieben Warnungen eindringlich und nachhaltig – wie mit lautem Schalle – ins Bewußtsein der Menschen.

Die erste Posaune kann eine erneuernde Kraft des Himmels bedeuten – sie kann aber auch auf die destruktive Kraft des Feuers hinweisen, denn das Feuer ist mit einem zerstörerischen Hagelschlag gemischt.

Das Feuer ermöglicht eine Umwandlung und einen Neubeginn auf einer höheren Stufe. Das Symbol des Feuers steht häufig in Verbindung mit der Sonne, dem Licht und der Farbe des Blutes. Blut ist ein Sinnbild der Seele und der Lebenskraft.

Hagel jedoch ist durch Kälteeinwirkung zu Eis gewordenes Wasser, ein Niederschlag, der für natürliches Wachstum nicht förderlich ist. Das Wasser ist in seiner Konsistenz verändert und schädigt die Natur. Johannes spricht von einem *Hagelschlag und Feuer mit Blut gemischt.* Der schädigende Niederschlag weist die Zusammensetzung Feuer und Blut auf. Was zu viel Feuer enthält, ist zu aktiv. Wenn wir zu viel wollen, zu viel handeln, zu wenig entspannen und ruhen, entsteht im Körper ein Ungleichgewicht. Die Säure überwiegt, und die Harmonie zwischen Säure und Base ist gestört. Übertriebene Aktivität macht sauer. Blut und Feuer ergeben sauren, schädigenden Niederschlag, der das Grün der Natur zerstört. Wir alle wissen um die Problematik des sauren Regens.

In der eingesenkten Siebenerordnung der Höheren Gesetze betrifft diese erste Posaune das Wurzelchakra. Es untersteht dem Element Erde. Was in der Natur geschädigt ist, schädigt auch den menschlichen Körper.

Die zweite Posaune

Der zweite Engel posaunte. Da stürzte etwas wie ein großer feuerflammender Berg ins Meer. Ein Drittel des Meeres wurde zu Blut. Ein Drittel der Lebewesen im Meere starb. Ein Drittel der Schiffe ging zugrunde.

Die zweite Posaune kündet von einem *stürzenden, feuerflammenden Berg.* Die Berge der Bibel sind nicht nur Erhöhungen aus Fels und Erde, sie sind vielmehr Symbol der Begegnung von Himmel und Erde. Es gibt viele heilige Berge, deren Höhen gleichsam ein mystischer Aufstieg bedeuten. Johannes sah jedoch einen feurigen Berg ins Wasser stürzen. Dieser Sturz kann erneuernde Kraft – aber auch Zerstörung – bedeuten.

Sicherlich warnt die zweite Posaune vor einer Zerstörung des Elementes Wasser. Diesem Element untersteht das zweite Chakra, das Sexualchakra. Alles Fruchtbare gedeiht aus der Verschmelzung von weiblichen und männlichen Samen. Die Seele entfaltet sich durch liebevolle Hingabe und durch Selbsterkenntnis im Du.

Der Körper des Menschen ist Teil der ganzen Natur. Was in der Natur geschädigt ist, geschieht im Mensch gleichermaßen. So hat die Schwächung des Elementes Wasser auch eine Schwächung der Fruchtbarkeit zur Folge, denn alles Fruchtbare entsteht im Wasser. Nicht nur die Fischbestände gehen zurück, auch die Anzahl der lebendigen männlichen Samenzellen im Sperma nimmt ab. Auch hier wird auf eine massive Disharmonie verwiesen, die mit einer Überaktivität oder Übersäuerung des Wassers einhergeht.

Diese Vision kann aber auch ein realistisches Bild dieser Welt sein. Ein brennendes Flugzeug, ein Komet oder eine brennende Bohrinsel kann eine große Vernichtung anrichten. Rücksichtslosigkeit und Habgier haben zur Folge, daß ohne Bedenken Produkte hergestellt werden, die das Wasser verderben und vergiften. Ohne Rücksicht auf die Reinheit des Wassers und auf die Lebewesen der Meere zu nehmen, werden giftige Abfälle ins Meer versenkt. Die Summe aller Motoren sind explodierendes Feuer.

Die dritte Posaune

Der dritte Engel posaunte. Da fiel ein großer Stern vom Himmel, der wie eine Fackel brannte. Er fiel auf den dritten Teil der Flüsse und auf die Wasserquellen. Der Name des Sternes heißt: Wermut. Da wurde ein Drittel des Wassers zu Wermut, und viele Menschen starben von dem Wasser, weil es bitter geworden war.

Johannes sah einen großen Stern, *der wie eine Fackel brannte.* Ein Stern ist ein Lichtbringer, der die Dunkelheit durchdringt. Er ist Symbol für die Macht des Lichtes und der Dunkelheit, der geistigen und materiellen Kräfte. Wir sehen eine gewaltige erneuernde Kraft des Lichtes, andererseits aber eine beängstigende, irdische Zerstörung.

Angesprochen ist durch die dritte Posaune das Element Feuer, das im menschlichen Energiekörper dem Solarplexuschakra zugeordnet ist. Im weitesten Sinne unterstehen diesem Chakra Unterscheidung und Integration. Der Körper braucht Nahrung – es wird ausgelesen, was der Körper braucht und was nicht. Hier wirkt das Verdauungsfeuer. Auf der seelischen Ebene können Gefühle im Licht der Liebe stehen, sie können aber auch dunkel und lieblos sein. Das Feuer der Liebe veredelt alle Gefühle.

Die Abspaltung des Elementes Feuer vom göttlichen Liebesfeuer verursacht nicht nur an der weltweiten Lebensbasis Schäden, es schädigt gleichermaßen den Menschen. Eine gefährliche Kraft des Feuers lauert in allen Atomreaktoren und kann jederzeit eine große Gefahr für die Menschen sein. Der Name »Tschernobyl« heißt Bitterkeit. Weite Teile um den explodierten Atomreaktor sind verseucht, und die Menschen sterben heute noch – viele Jahre danach – an der immensen Verseuchung. Dieses Feuer ist ein Werk der Menschen und steht nicht im Einklang mit der Höheren Ordnung.

Die vierte Posaune

Der vierte Engel posaunte. Da wurde ein Drittel der Sonne, ein Drittel des Mondes und ein Drittel der Sterne geschlagen, so daß ihr Drittel verfinstert wurde und der Tag während seines dritten Teils kein Licht hatte und die Nacht ebenso.
Da schaute ich hin. Und ich hörte einen Adler, der im Himmelsraume flog, mit lauter Stimme schreien: Wehe, wehe, wehe den Bewohnern der Erde wegen der übrigen Posaunenstöße der drei Engel, die noch posaunen sollen!

Johannes sieht in dieser Vision, wie die Himmelslichter *geschlagen* wurden. Wir kennen Ausdrucksformen wie Alarm schlagen, sich vor Reue an die Brust schlagen, Lärm schlagen oder die letzte Stunde hat geschlagen und noch viele mehr.

Die vierte warnende Posaune betrifft den bedrohten Himmelsraum mit dem Element Luft. Wir wissen alle um die große Verletzung des Elementes Luft. Viele Bäume, die uns das Lebenselixier Sauerstoff schenken, sind krank. Ärzte und Wissenschafter warnen weltweit vor weiteren Luftverschmutzungen. Gleichzeitig nehmen Allergien und Atembeschwerden zu. Beeinträchtigt wird die Einstrahlung der Gestirne durch Dunst und Abgase aus allen Motoren. Aus Autos, Flugzeugen, Schiffen, Heizungen und allen übrigen Maschinen steigen Gase in die Atmosphäre und erzeugen eine Dunstglocke, die für die Himmelslichter nicht mehr genügend durchlässig ist. Schädliches Ozon belastet die Atmungsorgane aller Menschen und Lebewesen. Die Ozonschicht, die die Erdatmosphäre schützt, ist dünn geworden.

Der *Adler* war in vielen alten Kulturen Sinnbild für göttliche Allmacht oder geistige Höhen. Es bedeutet Transformation der irdischen Bedürfnisse und trägt die Kraft der Erneuerung. Da der Adler angeblich beim Aufsteigen direkt in die Sonne blickt, galt er früher als Licht- und Sonnensymbol. Doch in dieser Vision warnt er vor den *übrigen Posaunenstößen der drei Engel, die noch posaunen sollen.*

Dem Element Luft ist das Herzchakra zugeordnet. Dieses Chakra verströmt, wenn es geöffnet ist, ein zartes Fluidum von Liebesenergie. Es beeinflußt die für das Immunsystem zuständige Thymusdrüse. Seine Entfaltung bedeutet Transformation der ichbetonten Bedürfnisse zum Duzuerst. Wenn es jedoch geschlossen bleibt, kann das geistige Licht des Himmels nicht durch den Menschen wirken.

Die fünfte Posaune

Der fünfte Engel posaunte. Da sah ich einen Stern vom Himmel auf die Erde niederstürzen. Ihm wurde der Schlüssel zum Brunnen des Abgrundes gegeben. Er schloß den Brunnen des Abgrundes auf. Da stieg Rauch aus dem Brunnen herauf wie der Rauch eines großen Ofens. Die Sonne und die Luft wurden vom Rauche des Brunnens verfinstert. Aus dem Rauche (des Brunnens) kamen Heuschrecken auf die Erde. Ihnen wurde Macht gegeben, wie die Skorpione der Erde sie haben. Es wurde ihnen geboten, das Gras der Erde, das Grün und die Bäume nicht zu schädigen, sondern nur die Menschen, die das Siegel Gottes nicht auf ihren Stirnen tragen. Weiter wurde ihnen geboten, sie nicht zu töten, sondern sie fünf Monate lang zu peinigen. Ihre Pein ist wie die Pein eines Skorpions, wenn er einen Menschen sticht.

In jenen Tagen werden die Menschen den Tod suchen und nicht finden, sie werden zu sterben verlangen, aber der Tod flieht vor ihnen. Die Heuschrecken waren kriegsgerüsteten Rossen ähnlich. Auf ihren Köpfen trugen sie goldähnliche Kronen. Ihre Gesichter waren wie Menschengesichter. Sie hatten Haare wie Frauenhaare. Ihre Zähne waren wie Löwenzähne. Sie hatten Brustharnische wie eiserne Panzer. Das Rasseln ihrer Flügel war wie das Rasseln vieler Streitwagen, die in den Kampf stürmen. Sie haben Schwänze und Stacheln wie Skorpione. In ihren Schwänzen liegt die Kraft, die Menschen fünf Monate lang zu schädigen. Sie haben als König über sich den Engel des Abgrundes, der auf hebräisch Abaddon, auf griechisch Apollyon heißt.

Das erste Wehe ist vorüber. Es kommen später noch zwei Wehe.

Johannes wurde mit dem fünften Posaunenstoß ein weiteres warnendes Bild gezeigt. Ein Bote des Lichtes schloß den *Brunnen des Abgrundes auf.* Das Sinnbild des wahren, gei-

— 85 —

stigen Brunnens bedeutet Öffnung zum lebendigen Wasser, zur Quelle der Unsterblichkeit oder zu den verborgenen Geheimnissen.

Dieser Brunnquell der Erkenntnis fließt auf der Ebene des Halschakras und betrifft das ätherische Element. Ganz leise strömen Inspirationen der geistigen Welt durch ein offenes Halschakra. Auf dieser fünften Ebene sind alle Menschen vereint in der Weltenseele des kollektiven, kosmischen Bewußtseins von übergeordneter Weisheit und Intelligenz. Wer sich auf dem spirituellen Weg der Stille bewegt, weiß um die liebevollen göttlichen Eingebungen und Fügungen.

Doch der Sinn vieler Menschen unserer Zeit ist nicht nach dem geistigen Brunnen ausgerichtet. *Der Stern stürzt auf die Erde* kann bedeuten, daß die geistige Verbindung abgebrochen ist. Liebloses Denken ohne Respekt vor dem großartigen Werk des Schöpfers, das nur noch auf weltliche Gewinne ausgerichtet ist, entbehrt jeglicher Weisheit. Entfernt vom göttlichen Liebeslicht, ohne Rücksicht auf die weise, allem zugrundeliegende Schöpferintelligenz wird nur noch nach Rendite und Ausbeutung getrachtet. *Die Sonne und die Luft wurden vom Rauche des Brunnens verfinstert.* Die Einstrahlungkraft der Sonne hat das richtige Maß verloren, weil die Luft belastet ist von verschiedenen Abgasen. Wohl kann sich der menschliche Erfindungsgeist mit seinen Ideen und vermeintlichen Verbesserungen kreativ anpassen, aber die Gefahren zeigen sich meist später, wenn Habgier und Rücksichtslosigkeit das Denken bestimmen.

Aus dem irdischen Abgrund, lies Erdinneres, steigt *der Rauch eines großen Ofens.* Aus dem Erdinneren wurde in diesem Jahrhundert in relativ kurzer Zeit maßlos Erdöl entnommen, das Jahrmillionen gebraucht hat, bis es sich aus Pflanzen und Bäumen in Flüssigkeit umgewandelt hatte. Aus diesem Rohstoff entwickelte sich die ganze Petrolchemie, die wie ein großer Verbrennungsofen überall – fern von den Gesetzen der Natur – wirkt.

Vor allem wird hier auf die Gefahr der Flugzeuge hingewiesen, die wie gepanzerte *Heuschrecken mit Schwänzen
wie Skorpione* beschrieben werden. Johannes sah in unsere
Zeit und beschreibt die für ihn unvorstellbaren technischen
Maschinen mit vertrauten, natürlichen Begriffen. Der unge-
heure Lärm der Düsen wird wie das Rasseln vieler Streitwagen beschrieben – einen andern Vergleich konnte man
zur damaligen Zeit nicht machen. Schauen wir doch die
Leuchtspuren am Himmel an: Sie sehen aus wie weißes,
krauses Haar, das die Flugzeuge nach sich ziehen. Wie hätte
Johannes diesen Anblick besser beschreiben können? In
den *Schwänzen*, also Düsen, liegt die Kraft, und das ganze
Gefährt sieht aus wie ein großer *Skorpion*. Eine Metall-
haube umgibt das Cockpit, der Rumpf ist wie ein eiserner
Panzer und der Lärm unbeschreiblich für die damalige
Zeit.

Die Flugzeuge scheinen die Ursache für eine siechende
Krankheit zu sein, die das ganze Immunsystem schwächt
und nicht sofort zum Tode führt. Diese Vision könnte auch
ein Hinweis darauf sein, daß durch die vielen Reisen an-
steckende Krankheiten aus fremden Ländern – wie z. B.
Aids – eingeschleppt werden, gegen die das Immunsystem
keine Abwehr kennt. Der *König* über alles ist der *Engel des
Abgrundes*, der Hüter des Erdinneren oder des über Jahrmillionen eingelagerten Erdöls, aus dem der Brennstoff ge-
wonnen wird.

In der Tiefe der Erde werden aber noch andere gefährliche Experimente gemacht: Materie wird mit Antimaterie
zusammengeführt. Wir wissen heute, daß die Berührung
der kleinsten Teilchen mit Antimaterie eine große explosive
Wirkung hat. Hier wird mit den kleinsten Bausteinen der
Materie experimentiert, deren Folgen kein Mensch ab-
schätzen kann.

Die sechste Posaune

*Der sechste Engel posaunte. Da hörte ich eine Stimme von
den vier Hörnern des goldenen Altares, der vor Gott steht.
Die sprach zum sechsten Engel, der die Posaune hielt:
binde die vier Engel los, die am großen Euphratstrome
gebunden sind. Die vier Engel wurden losgebunden, die auf
Stunde, Tag, Monat und Jahr schon gerüstet waren, um den
dritten Teil der Menschen zu töten. Die Zahl der zur Reite-
rei gehörigen Kriegsheere war 200 000 000. Ich hörte ihre
Zahl. So schaute ich im Gesichte die Rosse und ihre Reiter:
Sie hatten feuerrote, dunkelblaue und schwefelgelbe Panzer. Die Köpfe der Rosse waren wie Löwenköpfe. Aus
ihren Mäulern kam Feuer, Rauch und Schwefel hervor.
Durch diese drei Plagen wurde ein Drittel der Menschen
getötet: nämlich durch Feuer, Rauch und Schwefel, die aus
ihren Mäulern hervorkamen. Denn die Gewalt der Rosse
liegt in ihrem Maule und in ihren Schweifen. Ihre Schweife
sind schlangenähnlich und haben Köpfe, mit denen sie Unheil anrichten. Die übrigen Menschen, die durch diese Plagen nicht umkamen, ließen nicht von den Werken ihrer
Hände ab. Sie blieben vielmehr bei der Anbetung der bösen
Geister und der Götzenbilder von Gold, Silber, Erz, Stein
und Holz, die weder sehen noch gehen noch hören können.
Sie bekehrten sich nicht von ihren Mordtaten, ihren Zaube-
reien, ihrer Unzucht und ihrem Stehlen.*

Diese Vision schenkt erneut Einblick in die höchste Weisheit, die aus *vier Hörnern des goldenen Altares* verkündet
wird. Vier Engel werden losgebunden, wenn das Maß der
Zeit erfüllt ist.

Der *Euphratstrom* hat zwei Bedeutungen: Er kann sowohl Sinnbild für den Lebensstrom des göttlichen Lichtes
sein als auch für die Gegend, die am Strom Euphrat liegt.
Abgeschnitten vom Lebensstrom des göttlichen Lichtes entfernt sich der Mensch mit Gedanken und Ideen vom geisti-

gen Gesetz der Liebe. Anstelle des geistigen Lichts des Euphrates kommt jedoch schwarzes Gold in die ganze Welt. Über Jahrtausende war das Erdöl im Boden, jetzt wird es überall hemmungslos verteilt, um schonungslos verbrannt zu werden. Tatsächlich ist die Zahl der *Reiter* unheimlich groß. Schauen wir auf unsere Straßen, dort sehen wir die gepanzerten Fahrzeuge in allen Farben. *Aus ihren Mäulern kam Feuer, Rauch und Schwefel hervor.* Die Stärke liegt im Maul, d. h. im Motor, und das Schädliche kommt aus dem Schweif, also Abgase aus dem Auspuffrohr: *denn die Gewalt der Rosse liegt in ihrem Maule und in ihren Schweifen.* Schlangenähnlich ist dieser Auspuff, *mit denen sie Unheil anrichten.* Wie könnte man unsere »lieben« Fahrzeuge besser beschreiben! Obwohl man heute genau weiß, daß die Abgase unsere Umwelt, die Atmungsorgane aller Lebewesen und die Lebensqualität zutiefst schädigen, wird – wie es Johannes beschreibt – am alten Lebensstil festgehalten.

Allzu leicht lassen sich viele Menschen zu einem sinnentleerten Lebensstil verführen. Die Befriedigung materieller Bedürfnisse nimmt alle Zeit und Energie in Anspruch. Trotzdem fühlen sich die Menschen nicht glücklich, weil inneres Erfülltsein nur in Rückverbindung zur göttlichen Sphäre gedeihen kann. Religio heißt Rückverbindung – Religion ist ein Grundbedürfnis der menschlichen Seele. Der Mensch ist Teil des Irdischen – aber ebenso Teil des Geistigen. Die Vernachlässigung des geistigen Teils verursacht Fehlhaltungen, die wahrscheinlich von der göttlichen Weisheit korrigiert werden müssen.

Die sechste Posaune berührt die Bewußtseinsebene des Stirnchakras oder Dritten Auges. Der spirituell Erwachte sieht das göttliche Licht im Dritten Auge und hört zuweilen den göttlichen Ton. Hier ist die Verbindung zu den feinstofflichen Welten offen und bildet die Brücke von der materiellen zur geistigen Welt. Hier wächst die Erkenntnis, daß die äußere Welt ein Spiegel der Seele ist.

Zwischenbilder

Das offene Büchlein

*Ich sah einen andern gewaltigen Engel vom Himmel herab-
steigen. Er war in eine Wolke gehüllt. Über seinem Haupte
stand der Regenbogen. Sein Antlitz strahlte wie die Sonne,
seine Füße glichen Feuersäulen. In seiner Hand hielt er ein
offenes Büchlein. Er setzte seinen rechten Fuß auf das
Meer, seinen linken auf das Land. Dann rief er mit lauter
Stimme, wie wenn ein Löwe brüllt. Auf seinen Ruf ließen
die sieben Donner ihre Stimme vernehmen. Als die sieben
Donner verklungen waren, wollte ich schreiben. Aber ich
hörte eine Stimme vom Himmel (zu mir) sagen: Versiegele,
was die sieben Donner geredet haben, und schreibe es nicht
auf.*

*Da erhob der Engel, den ich über Meer und Land stehen
sah, seine Rechte zum Himmel und schwur bei dem, der in
alle Ewigkeit lebt, der den Himmel geschaffen hat und was
in ihm ist: Es wird keine Frist mehr sein. Vielmehr wird in
den Tagen, sobald der Engel sich anschickt zu posaunen,
der geheime Ratschluß Gottes erfüllt sein, wie er es seinen
Knechten, den Propheten, als frohe Botschaft verkündet
hat.*

*Dann redete die Stimme, die ich vom Himmel gehört hatte,
wieder zu mir. Sie sprach: Geh hin und nimm das geöffnete
Büchlein aus der Hand des Engels, der über dem Meere
und auf dem Lande steht. Ich ging zum Engel und bat ihn,
mir das Büchlein zu geben. Er sagte zu mir: Nimm und iß
es. Es wird dir den Magen bitter machen, aber in deinem
Munde wird es süß sein wie Honig. Ich nahm das Büchlein
aus der Hand des Engels und aß es. Es wurde in meinem
Munde süß wie Honig. Als ich es gegessen hatte, wurde
mein Magen bitter. Man sagte zu mir: Du mußt nochmals*

— 90 —

*über Völker, Nationen, Sprachen und viele Könige weis-
sagen.*

Johannes gibt uns erneut einen Einblick in das Zusammenwirken von himmlischen Mächten des Lichts mit der irdischen Ebene. Ein Lichtwesen erscheint ihm in überirdischer
Größe. *Über seinem Haupte stand der Regenbogen,* der,
wie es mystische Seher oft beschreiben, den Thron Gottes
umgibt und als Zeichen der Verbindung von oben und
unten gilt. In zahlreichen andern Berichten von Engel-
erscheinungen wird das Antlitz der Engel mit dem Bild
einer strahlenden Sonne verglichen, da sie das göttliche
Liebesfeuer ausstrahlen. Die Aufgabe dieses Engels, den
Johannes *über Meer und Land stehen sah,* war die Verkün-
digung des Ratschlusses Gottes und seine Stimme war so
laut, *wie wenn ein Löwe brüllt.* Der Löwe kann Sinnbild
für die Kraft des Lichtes sein, er hat aber auch eine Schutz-
und Wächteraufgabe. *Sieben Donner* antworteten auf sein
Rufen. Der Donner wurde in vielen alten Kulturen als Symbol göttlicher Macht oder als Zornesstimme Gottes betrachtet. Johannes wurde es untersagt, die Worte der sieben
Donner aufzuschreiben.

Tröstlich scheint in dieser Zeit eine neue, lichtvolle In-
spiration die Menschheit zu ergreifen. Wir stehen unmittel-
bar in den Geburtswehen eines neuen Zeitalters, in dem das
Bewußtsein ganz neu vom göttlichen Lichtgeist durchströmt und erleuchtet wird. Dieser Zeitenwechsel erzeugt
seelische wie auch materielle Erschütterungen, die unüberhörbar und unübersehbar sein werden, denn sie werden als
sieben mächtige Donner beschrieben, die Land und Meer,
Seele und Körper gleichermaßen erschüttern. Das Bewußtsein vieler Menschen jedoch wird ergriffen von göttlicher
Zuwendung und öffnet sich zu den geistigen Kräften, *wie
er es seinen Knechten, den Propheten, als frohe Botschaft
verkündet hat.*

Johannes wurde aufgefordert das Buch, ein Symbol der

Weisheit und des Wissens, das wohl die Gesamtheit aller Gesetze enthält, aufzuessen. Das göttliche Wort fand Aufnahme im Herzen von Johannes, aber es erfüllte ihn mit Schmerzen. *Es wurde in meinem Munde süß wie Honig, als ich es gegessen hatte, wurde mein Magen bitter.*

Gerade in unserer Zeit erhalten die Offenbarungen des Johannes eine ganz neue Bedeutung, weil eine materialistisch orientierte Lebensweise abgelöst und Raum geschaffen wird für ein neues, geistig orientiertes Denken. Die Augen werden uns geöffnet durch die symbolischen Bilder der apokalyptischen Visionen, und wir entdecken mit Entsetzen, wie stark wir uns in diesem Jahrhundert von der Höheren Welt entfernt haben. Die Schöpferkräfte über Land und Meer verkünden lautstark, daß das Maß der Zerstörung die Grenzen überschritten hat.

Die nachfolgende Erzählung gibt einen umfassenden Einblick in die Betrachtungsweise der Mystiker des Urchristentums und deren innige Verbindung zum höheren Bewußtsein der göttlichen Sphäre. Sie schildert eindrücklich die himmlischen Kräfte und den Weg der Seele zurück zum Licht mit vielen Gefahren, die es zu überwinden gibt.

Seelenläuterung nach gnostischen Schriften

Der Geist der Wahrheit kam
und trennte uns los vom Wahn der Welt.
Er brachte uns einen Spiegel.
Hineinblickend erschauen wir darin das Universum.
Er zeigt uns, daß es zwei Naturordnungen gibt:
Die Ordnung des Lichtes und – die Ordnung der Dunkelheit.

Die Lichtordnung durchdringt die Dunkelordnung.
Gleichwohl ist die dunkle von der lichten seit Anfang an
getrennt.

Das Königreich des Lichtes besteht in fünf großen
Ansichten.
Darin lebt der Vater mit seinen zwölf Äonen
und dem Äon aller Äonen, dem Dreizehnten.
Das ist der Lebendige Äther, das Land des Lichtes.
Der Urgeist atmet in allen und ernährt sie mit seinem
Licht.

Das Königreich der Dunkelheit besteht ebenfalls aus
fünf Bereichen.
Sie verwahren Rauch, dunkle Feuerglut, Sturm, trübes
Wasser und Finsternis.
Der Herrscher, der in ihnen herumkriecht, belebt sie
und hetzt sie auf, gegeneinander Krieg zu machen.

Als diese in ihrem Wahn einen Anschlag wagten auf das
Land des Lichtes, wußten sie nicht,
daß dies auf ihr eigenes Haupt zurückfallen würde.
Denn es gibt eine Vielheit von Engeln im Land des
Lichtes, welche die Macht haben, daraus hervorzugehen,
um den Feind des Vaters zu unterwerfen.

Voll Freude war der Vater, daß durch sein ausgesandtes
Wort die überheblichen Rebellen zu unterwerfen waren.
Es erging ihm wie einem Hirten, der einen Löwen her-
ankommen sieht, um seine Schafherde zu vernichten:
Klug gibt er ein Lamm als Köder preis,
damit der Löwe es fange.
Und so rettet er durch ein einziges Lamm die ganze
Schafherde. Danach heilt er auch das vom Löwen ver-
wundete Lamm.

So ist auch die Art des Vaters, der seinen starken Sohn schickt:

Jener bringt aus sich die Licht-Seele hervor, die mit fünf Kräften versehen, gegen die fünf Abgründe der Finsternis kämpft.

Der Wächter an den Grenzen des Lichtlandes zeigt ihnen die »reine Magd«, seine Seele.

Da geraten sie in ihren Abgründen in Aufruhr und mit offenem Rachen wollen sie die Seele verschlingen.

Doch der Sohn hält die Zügel der Seele fest in der Hand. Er breitet sie über sie aus wie ein Netz über Fische. Er läßt sie wie Wolken gereinigten Wassers auf die Abgründe herabregnen. Wie einen jähen Blitz wirft er die Seele unter sie. Sie kriecht in deren Eingeweide und fesselt alle. Jene aber wissen es nicht.

Als der »Erste Manas«, der Urmensch, seinen Kampf gekämpft hatte, entsandte der Vater seinen zweiten Sohn. Jener half seinem Bruder aus dem Abgrund empor. Er brachte diese Welt, deren Finsternis nun mit Licht vermischt war, in eine Ordnung. Innerhalb von zehn Ätherschichten und acht Erdschichten verteilte er die Kräfte des Abgrundes. Er schloß sie ein in diese Welt und machte daraus ein Gefängnis für alle Mächte der Finsternis. Doch ist sie gleichzeitig ein Ort der Reinigung für die Seele, der »Magd«, die darin aufgesogen war.

Er erschuf Sonne und Mond und setzte sie in die Höhe, um damit die Seele zu reinigen.

Täglich ziehen Sonne und Mond das gereinigte Element empor. Den Bodensatz spucken sie aus.

Die noch vermischten Teile befördern sie auf und ab im Kreis.

Diese Welt dauert ein bestimmtes Zeitalter.

Außerhalb dieser Welt wird jedoch ein großes Bauwerk errichtet.

Sobald die Baumeister ihr Bauwerk vollendet haben, wird diese ganze Welt aufgelöst und in Brand gesteckt und vom Feuer hinweggeschmolzen werden.

Der Vater wird alles Leben, wo auch immer es sich in den Überresten des Lichtes befinden möge, einsammeln und davon sein Abbild schaffen.

Auch der Fürst des Todes, die Macht der Finsternis, wird das ihr Gleichartige sammeln und ein Abbild von sich selbst und den Archonten hervorbringen.

In einem bestimmten Augenblick wird der Lebendige Geist herniederfahren und den versammelten Licht-Seelen gemeinsam emporhelfen.
Die Mächte der Finsternis wird er einschließen in den Bereich, der dafür geschaffen wurde, damit sie für immer im Klumpen gebunden liegen. Es gibt kein anderes Mittel, den Feind zu binden. Denn da die Finsternis dem Licht wesensfremd ist, kann sie vom Licht nicht aufgenommen werden.

Anstelle der sich auflösenden materiellen Welt wird ein Neuer Äon errichtet sein, in welchem die Kräfte des Lichtes vorherrschen können. Denn sie erfüllen den Willen des Vaters vollkommen. Sie unterwerfen die Macht der Bosheit und erringen den Sieg.[13]

Die zwei Zeugen

Man gab mir ein einem Stabe ähnliches Rohr mit dem Befehle: Steh auf, miß den Tempel Gottes, den Altar und die darin beten. Den äußeren Vorhof des Tempels laß weg und miß ihn nicht. Er ist den Heiden preisgegeben. Sie werden die Heilige Stadt 42 Monate lang zertreten. Ich will meinen beiden Zeugen befehlen, daß sie 1260 Tage in Bußgewändern predigen. Sie sind die beiden Ölbäume und die beiden Leuchter, die vor dem Herrn auf der Erde stehen. Will einer sich an ihnen vergreifen, so fährt Feuer aus ihrem Munde und verzehrt ihre Feinde. Will einer sie verletzen, so muß er sterben. Sie haben die Macht, den Himmel zu schließen, damit in den Tagen ihrer Predigt kein Regen falle. Sie haben Macht über die Gewässer, sie in Blut zu verwandeln und die Erde mit jeder Plage zu schlagen, so oft sie nur wollen. Wenn sie ihr Zeugnis beendet haben, wird das Tier, das aus dem Abgrunde aufsteigt, mit ihnen Krieg führen, sie besiegen und sie töten. Ihre Leichname werden auf der Straße der großen Stadt liegenbleiben, die geistig Sodoma und Ägypten heißt, wo auch ihr Herr gekreuzigt wurde. Leute aus den Völkern, Stämmen, Sprachen und Nationen werden ihre Leichname dreieinhalb Tage sehen und nicht zulassen, daß die Leichname ins Grab gelegt werden. Die Bewohner der Erde freuen sich über sie, frohlocken und senden einander Geschenke, weil diese beiden Propheten den Bewohnern der Erde lästig waren. Aber nach dreieinhalb Tagen kam Lebensgeist von Gott in sie. Sie stellten sich wieder auf ihre Füße, und große Furcht befiel alle, die sie sahen. Sie hörten eine laute Stimme, die ihnen vom Himmel zurief: Kommt hier herauf! Da fuhren sie vor den Augen ihrer Feinde in einer Wolke zum Himmel empor. In jener Stunde erfolgte ein großes Erdbeben. Der zehnte Teil der Stadt stürzte ein, 7000 Personen fanden bei dem Erdbeben ihren Tod. Die Überlebenden gerieten in Furcht und gaben Gott im Himmel die Ehre.

Das zweite Wehe ist vorüber: siehe das dritte Wehe kommt bald.

Der Tempel ist hier Sinnbild der kosmischen Ordnung. Johannes hatte den Auftrag, nur das Innere des *Tempel Gottes* zu messen, d. h., die Gesetze der Höheren Ordnung zu ermessen. Der äußere *Vorhof des Tempels* und die Stadt sind das sichtbare Sinnliche. Viele Menschen unserer Zeit leben nur noch in dieser Dimension und ignorieren den wichtigeren geistigen Aspekt das Daseins.

Zwei geistige Ordnungshüter wirken im Dienste der geistigen Lichtwelt auf der Erde. *Sie sind die beiden Ölbäume und die beiden Leuchter, die vor dem Herrn auf der Erde stehen.* Wir können sie vergleichen mit den polaren Kräften der schöpferischen Manifestation in aller Welt, die einander ergänzen und immer wieder ausgleichen. Wird die eine Seite geschwächt, wächst die andere und gleicht aus. Verstößt jemand gegen dieses im Himmel begründete Gesetz, ist die lebendig machende Lebenskraft geschwächt. Diesen beiden Kraftströmen wird große Macht verliehen, nämlich geistige Fehlhaltungen und das Zerstörungswerk der Menschen mit kosmischer Weisheit wieder auszugleichen und bewußt vor Augen zu führen. Ihre Zeit scheint befristet zu sein auf eine Zeitspanne von 1260 Tagen, d. h. dreieinhalb mal den Sonnenbogen von 360 Grad. Die kosmischen Ordnungshüter werden durch eine fatale Entwicklung vernichtet. *Wenn sie ihr Zeugnis beendet haben, wird das Tier, das aus dem Abgrunde aufsteigt, mit ihnen Krieg führen, sie besiegen und sie töten.*

Es besteht kein Zweifel, daß im Bewußtsein vieler Menschen die Warnungen, die von ihrem Zerstörungswerk ausgehen, vernommen wurden – aber die wirtschaftlichen Interessen stehen leider meistens im Vordergrund. Die Auswirkungen des zerstörerischen Tuns sind jedoch weithin sichtbar. Alle Warnungen werden in den Wind geschlagen, weil geistige Unwissenheit und Machbarkeitswahn öffentliche Anerkennung genießt. Hemmungslos erlauben sich wissenschaftliche Forscher in Labors in das Schöpferwerk hineinzupfuschen. Sie ahnen nicht, daß die ganze Schöpfung aus Analogien besteht und kleinste Veränderungen kosmische Auswirkungen haben können. Was die Reinhaltung der Luft betrifft, geben die Behörden besorgt Warnungen an die Mütter kleiner Kinder heraus, bei Ozonalarm über die Mittagszeit nicht mehr an die Sonne zu gehen – aber die Ursachen der schädigenden Gase werden nicht beseitigt. So werden die Botschaften vom unverantwortlichen Tun zwar bemerkt, aber ignoriert. Für eine kurze Frist erfreut man sich wieder am Überfluß und will die notwendigen Korrekturen nicht zur Kenntnis nehmen. Doch die Botschaften aus der geistigen Sphäre strömen immer wieder ins Bewußtsein der Menschen. *Nach dreieinhalb Tagen kam Lebensgeist von Gott in sie.* Ein großes Erdbeben rüttelt die Menschheit wieder auf, und immer klarer sieht man die verheerenden Schäden, die der Erde zugefügt wurden.

Es könnte aber auch durchaus sein, daß die beiden Zeugen als zwei weisheitsvolle Menschen in Erscheinung treten und die Menschen warnen. Aber den Menschen sind diese Warner lästig, und ihr physischer Tod wird mit Freude aufgenommen. Jeder freut sich, daß man diese – vielleicht wird man sie Esoteriker, Fanatiker oder Sektengurus nennen – nun losgeworden ist. Die Mächte des Abgrundes wünschen keine geistige Verbindung, ihnen liegt vielmehr daran, den Menschen an die Welt des Vergänglichen zu fesseln. Das feinstoffliche Licht der Liebe ist ihnen fremd.

Die siebte Posaune

Der siebte Engel posaunte. Da ließen sich laute Stimmen im Himmel vernehmen, die riefen: Die Herrschaft über die Welt gehört nun unserem Herrn und seinen Gesalbten. Er wird herrschen in alle Ewigkeit. (Amen). Und die 24 Ältesten, die vor Gott auf ihren Thronen sitzen, fielen auf ihr Angesicht, beteten Gott an und sprachen: Wir danken dir, Herr, allmächtiger Gott, der du bist und der du warst (und der du kommen wirst), daß du deine große Macht an dich genommen und die Herrschaft angetreten hast. Die Völker ergrimmten. Aber nun ist dein Zorn gekommen und die Zeit, über die Toten Gericht zu halten und deinen Knechten den Lohn zu geben: den Propheten, den Heiligen und denen, die deinen Namen fürchten, klein und groß, und zu verderben, die die Erde verderben. Da öffnete sich der Tempel Gottes im Himmel, und die Bundeslade erschien in seinem Tempel. Es folgten Blitze, Getöse, Donnerschläge, Erdbeben und großer Hagel.

Beim Erschallen der siebten Posaune sah Johannes in die höchsten Sphären der geistigen Welt. Hier herrscht die Allmacht des Lichtes, und die schöpferische Weisheit der 24 Ältesten dienen ihm. *Die Herrschaft über die Welt gehört nun unserem Herrn und seinen Gesalbten.* Nichts hat Bestand, das sich außerhalb der Dimension des Lichtes und der Liebe befindet.

Wir stehen mitten in der Geburt eines neuen Zeitalters, das ein neues Bewußtsein in den Menschen zu entstehen erlaubt, nämlich eine neue Öffnung zum göttlichen Sein. Eine neue Spiritualität erfaßt die Menschheit, und das himmlische Licht leuchtet im Innern des Menschen. Der innere Weg der Stille führt in diese Dimension des Lichtes, die außerhalb der sinnesorientierten Welt der Dualität ruht und doch Hintergrund allen Seins ist. Die Verbindung zum Licht bedeutet höchste Glückseligkeit. *... und deinen*

Knechten den Lohn zu geben. Die spirituelle Entwicklung führt durch die Öffnung des siebten Chakras, das Kronenchakra, in den Lichtbereich des göttlichen Seins. Auf dem Weg zum inneren Licht öffnet sich diese Lichtquelle und zeigt sich als eine von Liebe überschäumende Lichtverströmung.

Was sich entfernt von der Höheren Ordnung der Lichtwelt hat in der neuen Zeit keinen Bestand. Diejenigen, die sich für keine geistigen und spirituellen Werte interessieren, werden viel zu leiden haben unter dem Verlust der materiellen Güter, den die Korrekturen aus der geistigen Welt mit sich bringen werden. Wir stehen mitten in dieser großen Reinigung und Erneuerung. Fehlhaltungen werden drastisch korrigiert. ... *und zu verderben, die die Erde verderben.* Die Erneuerung umfaßt die ganze Erde und die zerstörerischen Kräfte werden vernichtet und unschädlich gemacht.

Ich könnte mir vorstellen, daß unsere irdischen Gewitter ein Abbild der elektrischen Entladungen von Lichtenergie aus dem Urgrund des Göttlichen sind, die die ganze Menschheit auf der feinstofflichen Ebene durchflutet und eine erneuernde Wirkung hat. Nicht auszuschließen sind jedoch weltweite Naturkatastrophen.

Der Zorn Gottes kann mit einer großen Kontraktion verglichen werden, die die Geburt einer neuen Ära im Bewußtsein der Menschen ermöglicht unter der Macht des Allerhöchsten. Dieses Zornfeuer öffnet die Herzen für die Liebe des Christus-Lichtes.

Ich bin ein duftendes Samenkorn des Lichtes,
geworfen in einen dichten Wald unter Dornen.

Oh sammle und pflücke mich!

Bring mich heim auf die Tenne des Heiligen Gesetzes,
in den Getreidefelder des Lichtes![14]

DIE CHRISTUSFEINDLICHEN MÄCHTE

Frau und Drache

Am Himmel erschien ein großes Zeichen: Eine Frau, von der Sonne bekleidet, den Mond unter ihren Füßen und eine Krone von zwölf Sternen auf ihrem Haupte. Sie war schwanger und schrie in Wehen und Geburtsschmerzen.

Noch ein anderes Zeichen erschien am Himmel: Ein großer, feuerroter Drache mit sieben Köpfen und zehn Hörnern, und sieben Kronen auf seinen Köpfen. Sein Schweif fegte den dritten Teil der Sterne des Himmels weg und schleuderte sie auf die Erde. Der Drache stand der Frau gegenüber, die gebären sollte, um ihr Kind gleich nach der Geburt zu verschlingen. Sie gebar ein männliches Kind, das mit ehernem Zepter über alle Völker herrschen soll. Ihr Kind wurde zu Gott und seinem Throne entrückt. Die Frau aber floh in die Wüste, wo Gott ihr eine Stätte bereitet hatte. Dort sollte sie sich 1260 Tage lang ernähren lassen.

Die Frau, die Johannes hier beschreibt, ist eine allumfassende kosmische Jungfrau. Im Zeitalter der Zwillinge stand die astrale Jungfrau am höchsten Punkt des Firmamentes. In dieser Eigenschaft genoß sie als kosmischer Mittelpunkt allen Lebens größte Verehrung in den alten Kulturen der Babylonier und Sumerer. Sie galt als Erschafferin allen Lebens im Dienste des Himmelslichtes. Man betrachtete sie als Sendbotin des göttlichen Lichtes in alles Geschaffene.

Sonne, Mond und die Planetenkräfte sind ihre Attribute. Die *Krone aus zwölf Sternen* ist Sinnbild für die zwölf Tierkreiszeichen, die die Sonne in einem Jahr durchläuft. Ihr untersteht die Macht und Herrschaft über das Zeitliche und das Schicksal der Menschen.

Der Prophet Isaias schenkt uns in einem Lob- und Danklied folgende Zeilen: Jahve, in ihrer Drangsal suchten sie Dich auf; sie beteten, als Deine Züchtigung sie traf. Wie eine Schwangere, die nahe dran ist zu gebären, die sich windet und schreit in ihren Wehen, so waren wir um Deinetwillen. (26, 16–17)

Was Johannes als himmlische Vision schauen durfte, sind Bilder der Seele. Die kosmische Jungfrau dient dem Himmelslicht als Bewahrerin von Weisheit und Intelligenz in der Seele der Menschen. Weisheit und Intuition fließen als lebendiges Wasser der ganzen Schöpfung und insbesondere den geistig erwachten Menschen zu. Propheten »tranken« – so bezeichnete man früher das Einströmen des Heiligen Geistes – von der »Jungfrauenmilch« der Sophia, dem weiblichen Gottesaspekt, der erst später Heiliger Geist genannt wurde.

Der Weg der Seele zum inneren Licht ist oft schmerzlich. In unserer unruhigen und hektischen Zeit hat dieser weibliche Gottesaspekt keinen leichten Zugang zum Innern der Menschen. *Sie war schwanger und schrie in Wehen und Geburtsschmerzen.* Der kosmischen und seelischen Hüterin und Gebärerin von Weisheit und Intelligenz steht *ein großer, feuerroter Drache mit sieben Köpfen und zehn Hörnern* feindlich gegenüber. Ihr Kind möchte er verschlingen, nämlich das innere geistige Wachstum. In vielen alten Religionen verkörpert der Drache gottfeindliche Urmächte, die es zu überwinden gilt. Sie trennen die Seele vom göttlichen Licht der Liebe und bilden den Schleier zwischen Gott und Mensch.

Es kann sich hier durchaus um die Geburt einer neuen kosmischen Entwicklungsepoche handeln, die eine neue Spiritualität hervorbringt, wenn die Zeit – hier wieder die geheimnisvolle Frist von dreieinhalb Jahren, erfüllt wird. Das Christus-Kind oder Christus-Bewußtsein ist ein Kind der geistigen Sphäre, es hebt sich ab von der sinnesorientierten Welt. *Ihr Kind wurde zu Gott und seinem Throne entrückt.*

Auf dem seelischen Entwicklungsweg begleitet uns die kosmische Jungfrau als fühlendes Denken, Weisheit und Intuition. Sie gebiert in uns das zarte Kind einer feineren, geistigen Dimension. Es ist die Liebes- oder Christuskraft des Herzens. Hier wirkt der Drache als negative Gedanken, Eigenwille und Selbstsucht und stellt sich der weisheitsvollen Intuition und der Verbindung zum Höheren Selbst entgegen.

Die kosmische Jungfrau ist zugleich Sinnbild für die mütterliche, weisheitsvolle Kraft der Erde. Die Respektlosigkeit einiger Gen-Technologen kennt keine Grenzen. Renditedenken und Gewinnmaximierung sind die niederen Motive ihres Tuns und rauben ihr das Geburtsrecht – *Die Frau aber floh in die Wüste ...*

Im chinesischen Taoismus wird die beweglich-elektrisch anregende Kraft als Drache dargestellt. Es ist jene Kraft, die sich im Winter in die Erde zurückzieht, im Frühsommer wieder erwacht und am Himmel als Blitz und Donner in Erscheinung tritt. Dadurch regen sich die schöpferischen Kräfte auf der Erde. Aber dieser kosmische Einklang von Erde und Himmel ist heute erheblich gestört durch unzählige, künstlich erzeugte, elektromagnetische Felder.

In der Alchemie ist der Drache Symbol für die Elemente Erde und Feuer, das Weib für die Elemente Wasser und Luft. So verstanden sehen wir ein Bild der Erde, in der die Elemente Feuer und Erde den Elementen Luft und Wasser feindlich gesinnt sind. Wir müssen wieder lernen in Analogien zu denken, denn alles ist durch eine ganz feine Vernetzung Spiegel eines Größeren. Wenn die vier Elemente nicht mehr in Harmonie miteinander wirken, ist das Gleichgewicht erheblich gestört – sowohl im Großen als auch in unserem menschlichen Körper.

Besiegung des Drachen

Da entbrannte ein großer Kampf im Himmel. Michael und seine Engel kämpften mit dem Drachen. Der Drache sowie seine Engel setzten sich zur Wehr. Aber sie unterlagen. Es fand sich kein Platz mehr für sie im Himmel. So wurde der große Drache, die alte Schlange, die Teufel und Satan heißt und die ganze Welt verwirrt, auf die Erde gestürzt. Da hörte ich eine gewaltige Stimme im Himmel rufen: Jetzt ist das Heil, die Macht seines Gesalbten gekommen. Der Ankläger unserer Brüder wurde gestürzt, der sie Tag und Nacht vor unserm Gott anklagte. Sie haben ihn durch das Blut des Lammes und durch das Wort ihres Zeugnisses besiegt und ihr Leben so wenig geliebt, daß sie gerne den Tod erlitten. Deswegen freut euch, ihr Himmel und ihr Himmelsbürger. Aber wehe dem Lande und Meere! Denn der Teufel ist in grimmigem Zorne zu euch hinabgestiegen. Er weiß, daß er nur kurze Zeit hat.

Der Erzengel Michael kämpft mit seinen Engeln für das Seelenlicht. Als Attribut dient ihm ein leuchtendes Lichtschwert. Sein Name bedeutet »Wer ist wie Gott«. Als Sendbote des göttlichen Lichtes verteilen er und sein Engelheer die göttliche Liebe, Weisheit und alle Ströme des Lebens nach den Gesetzen des Himmels in die Seele der Menschen und fördern die geistige Entwicklung durch die Reinigung der geistigen Zentren. Der Verdunkler des Lichtes hat keinen Raum mehr in den geistigen Sphären. *Es fand sich kein Platz mehr für sie im Himmel.* Die Seele ist jedoch nach wie vor mit diesen Kräften konfrontiert, und sie müssen überwunden werden. Das Blut des Lammes – das Christuslicht im Herzen – besiegt das Dunkle, belichtet das irdische Leben und schafft die Verbindung zum Himmel, d. h. zur göttlichen Seinsebene. *Sie haben ihn durch das Blut des Lammes und durch das Wort ihres Zeugnisses besiegt.* Als Schutzmacht vor allem Dunklen und vor Finsternis ist der Erzengel Michael immer zugegen, wenn das Dunkle den lichterfüllten Menschen bedroht. Er verteilt die Licht- und Lebenskraft wie einen zärtlichen Schutzmantel um den Menschen und öffnet das Liebeszentrum des Herzens mit seinem Schwert.

Der Drache repräsentiert ein Prinzip, das die Seele trennt vom himmlischen Licht, d. h. von der strömenden Lebenskraft. Überall, wo Lebenskraft geschwächt wird, tritt er in Erscheinung. Als eigenständige, unheilvolle Kraft kann der Verdunkler des Lichtes die Seele zu stark an äußere Dinge fesseln, an diejenige Ebene, die mit den Sinnesorganen wahrgenommen wird. Obwohl die Welt des Lichtes mit unaussprechlicher Weisheit und Intelligenz alles lenkt, ist sie den Sinnesorganen verborgen.

Eine Seele oder eine ganze Menschheit, die nicht mehr im Einklang mit der Natur lebt, verkümmert und schwächt sich selbst. Die Korrekturen erfolgen unaufhaltsam durch Not und Leiden. *Aber wehe dem Lande und Meere!* Eine fatale Entwicklung wird heute in fast allen wissenschaftlichen und technischen Sparten gefördert und führt dazu, daß sich die Menschen dem Schöpferischen ebenbürtig gegenüberstellen und Dinge fördern, die keineswegs im Einklang sind mit der himmlischen Ordnung des Lichtes, *denn der Teufel ist in grimmigen Zorne zu euch hinabgestiegen.*

Die alten Chinesen des Taoismus vermittelten ein Weltbild, das unverändert bis heute die Gesetze des Lebens enthält. Auf allen Ebenen zeigen die beiden Kräfte – das weibliche Yin und das männliche Yang – räumliche Wirklichkeit. Das Empfangende Yin, steht im Dienste der schöpferischen Geisteskraft Yang. Das empfangende Prinzip des Yin bildet das Gegenstück zum schöpferischen Lichtprinzip Yang. Sie bilden eine Ergänzung, kein Einander-Bekämpfendes. So entsteht die Natur als Gegenstück zum Geistigen, die Erde zum Himmel, Raum zur Zeit, das Weiblich-Mütterliche zum Männlich-Väterlichen. Dennoch kann von einem eigentlichen Dualismus nicht geredet werden, denn es besteht zwischen den beiden Zeichen das Verhältnis einer klaren Rangordnung. An sich ist natürlich das Empfangende ebenso wichtig wie das Schöpferische. Aber durch die Eigenschaft der Hingebung ist die Stellung dieser Urkraft dem Schöpferischen gegenüber bezeichnet. Sie muß unter der Leitung und Anregung des Schöpferischen sein, dann wirkt sie heilvoll. Nur wenn sie aus dieser Stellung heraustritt und dem Schöpferischen ebenbürtig zur Seite treten will, wird sie böse. Daraus ergibt sich dann Gegensatz und Kampf gegen das Schöpferische, der für beide Teile unheilvoll wirkt.[15]

Verfolgung und Rettung der Frau

Als der Drache sich auf die Erde gestürzt sah, verfolgte er die Frau, die den Knaben geboren hatte. Der Frau wurde das Flügelpaar des großen Adlers gegeben, damit sie in die Wüste an ihren Ort fliege, wo sie geschützt vor der Schlange eine Zeit und zwei Zeiten und eine halbe Zeit ernährt wird. Die Schlange spie aus ihrem Munde der Frau einen Wasserstrom nach, um sie zur Beute der reißenden Flut zu machen. Aber die Erde half der Frau. Die Erde öffnete ihren Schlund und verschlang den Strom, den der Drache aus seinem Munde gespien hatte. Da ergrimmte der Drache über die Frau und ging hin, Krieg zu führen mit den übrigen Kindern, die Gottes Gebote beobachten und das Zeugnis Jesu (Christi) haben. Er faßte Fuß am Meeresstrand.

Die kosmische Jungfrau – das Prinzip von Weisheit und Intuition – hat den Knaben, das neue Christus-Bewußtsein, geboren. Weisheit und Intuition entfalten sich nur in meditativer Stille. Das *Flügelpaar des großen Adlers* gibt ihr die Möglichkeit, dem lauten Äußeren zu entfliehen, das Himmelslicht jedoch nährt sie. Der Verdunkler des Lichtes jedoch stellt sich dem neu erwachten Christus-Bewußtsein entgegen. Ängste und Vorurteile verhindern den Weg des Lichtes, esoterische Bewegungen werden verächtlich in Zweifel gezogen, weil rationelles Denken die geistige, feinstoffliche Welt nicht verstehen kann. Auch vor 2000 Jahren mußte das Christus-Kind fliehen, weil sein Wirken in dieser Welt mißverstanden wurde. So geschieht es auch heute mit dem neuen, spirituellen Denken. Zweifel und Ängste vereiteln immer wieder eine echte, mystische Gottesverbindung. Die neue Ära des Wassermannzeitalters wird aber eine offenkundige Öffnung zu den geistigen Kräften schenken und den Menschen zeigen, daß sie eine göttliche Dimension in sich tragen und daß die Tore dafür geöffnet wurden.

Die Frau in der Wüste kann auch ein Sinnbild für die Nöte der Erdenmutter und ihres natürlichen Schöpferwerkes sein. Die dem weisen Gesetz des himmlischen Lichtes dienende Erdenmutter ist in unserer Zeit in größter Bedrängnis. Ihre Früchte werden ihr geraubt, werden in Labors verändert und künstlich erzeugt. Im Größenwahn des technisch Machbaren werden die weisen Gesetze eines großartigen Wunderwerkes nicht mehr beachtet. Die Menschen werden verführt, verwirrt und manipuliert vom Verdunkler des Lichtes und verderben die natürliche Schöpfung, *um sie zur Beute der reißenden Flut zu machen*. Ist es Zufall, daß ausgerechnet heute, bei der Bearbeitung dieses Abschnittes, die Zeitungsnachricht über ein geklontes Schaf erscheint, das britische Wissenschafter nicht ohne Stolz präsentieren? Oder sind die weltweiten Überschwemmungen nicht auch eine Warnung?

Nichts kann bestehen, wenn das Denken und Tun der Menschen abgeschnitten ist vom Gesetz der Liebe und von der kosmischen Lebenskraft. *Die Erde öffnete ihren Schlund und verschlang den Strom, den der Drache aus seinem Munde gespieen hatte.*

Für viele Menschen ist die kosmische Jungfrau identisch mit der Jungfrau Maria. Maria vereint alle verschiedenen Aspekte der weiblichen Gottesmutter und verkörpert die liebende schützende Macht über alle Geschöpfe des Himmels und der Erde.

Die nachfolgenden Visionen des Johannes zeigen auf dramatische Weise die Verführungskünste der eigenständigen, nicht mehr in der himmlischen Ordnung wurzelnden, geistigen Kräfte.

Das Tier aus dem Meere

Da sah ich aus dem Meere ein Tier aufsteigen. Es hatte zehn Hörner und sieben Köpfe. Auf seinen Hörnern waren zehn Kronen und auf seinen Köpfen gotteslästerliche Namen. Das Tier, das ich sah, glich einem Panther. Seine Tatzen waren wie die eines Bären, sein Maul war wie ein Löwenmaul. Der Drache gab ihm seine Macht, seinen Thron und große Gewalt. Einen von seinen Köpfen sah ich zu Tode getroffen, aber seine Todeswunde wurde geheilt. Die ganze Erde verwunderte sich über das Tier. Sie betete den Drachen an, weil er dem Tiere die Gewalt gegeben hatte. Man betete auch das Tier an und sagte: Wer ist dem Tiere gleich, und wer vermag mit ihm zu streiten? Es wurde ihm ein Maul gegeben, große Worte und Lästerungen auszustoßen. Zudem wurde ihm Macht verliehen, es 42 Monate so zu treiben. Es öffnete sein Maul zu Lästerungen gegen Gott, seinen Namen, seine Wohnung sowie die Bewohner des Himmels. Auch wurde ihm gestattet, mit den

Heiligen Krieg zu führen und sie zu besiegen. Ja, es wurde ihm Macht gegeben über alle Stämme, Völker, Sprachen und Nationen. Alle Bewohner der Erde werden es anbeten, deren Namen seit Anbeginn der Welt nicht geschrieben stehen im Lebensbuche des Lammes, das geschlachtet ist.

Wer Ohren hat, der höre. Wer ins Gefängnis muß, geht ins Gefängnis. Wer bestimmt ist, mit dem Schwerte getötet zu werden, wird mit dem Schwerte getötet. So ist die Erwartung und der Glaube der Heiligen.

Seit vorgeschichtlicher Zeit ist das Wasser Symbol für den Ursprung des Lebens und der Fruchtbarkeit. Das Meer kann Sinnbild unerschöpflicher Lebenskraft sein aber auch eines verschlingenden Abgrundes. *Da sah ich aus dem Meere ein Tier aufsteigen.*

Johannes sah die Dinge aus der Sicht der geistigen Welt, er sah kosmische Dimensionen und ihre Ausstrahlungen ins Leben der Menschen. In seinen Visionen sah er Bilder der heutigen Welt. Er sah unsere technischen Errungenschaften und versuchte das Geschaute zu erklären. Johannes beschreibt das Tier als schwarzen Panther mit Tatzen eines Bären, also mit einem breiten Sockel, das Maul, die Öffnung, gleicht einem Löwenmaul. Obwohl der Kopf des Tieres *zu Tode getroffen* ist, kann es sprechen und scheint wieder lebendig zu sein. Ein Vergleich mit dem übermächtigen Medium Television drängt sich auf. Die meisten Menschen verbringen die Freizeit vor dem Bildschirm. Kein anderes Medium hat eine so große, weltumspannende Macht wie der Fernsehapparat, er beherrscht die Menschen. Das »Tier« fesselt die Seele des Menschen, nimmt sehr viel Zeit in Anspruch und fördert das Eintauchen in eine unrealistische Scheinwelt. Die Beziehung zur lebendigen Natur und der unmittelbare Austausch von zwischenmenschlichen Beziehungen werden vernachlässigt. Lebensgewohnheiten haben sich entfernt von der naturgegeben Ordnung, die eine göttliche Ordnung ist. Eine Ersatzwelt wird vorgespielt, und diese Welt trennt sie von eigenen geistigen Inspirationen.

Es könnte auch sein, daß die sieben Köpfe des Drachen die weltweite Vernetzung versinnbildlichen. Der Drache, der dem Tier große Macht verleiht, kann durchaus Sinnbild sein für das von Menschenhand erzeugte Feuer – sei es in Elektrizität, Atomkraftwerken, Elektronik, Verbrennungsmotoren usw. *Der Drache gab ihm seine Macht, seinen Thron und große Gewalt.* Elektrizität ist für die heutige Welt nicht mehr wegzudenken.

Auch wurde ihm gestattet, mit den Heiligen Krieg zu führen und sie zu besiegen. Die Berieselung hüllt die Menschen in einen Dunst von Illusion, und die eigene Erlebniswelt schrumpft auf ein Minimum. Negative Bilder von Mord und Verbrechen verunreinigen täglich die Seele des Menschen. Nichts von all den schrecklichen Bildern geht verloren. Alles Zerstörerische wird im Lichtkörper des Menschen gespeichert und legt einen Schleier auf das Licht der Liebe und der Lebenskraft, das die Seele und den Körper nährt. Die Trennung vom lebenspendenden kosmischen Licht ist sinnbildlich dargestellt durch die Worte: *deren Namen seit Anbeginn der Welt nicht geschrieben stehen im Lebensbuche des Lammes, das geschlachtet ist.*

Die Verlockungen und Angebote, die viele Menschen vom meditativen inneren Weg abhalten, sind groß. *Wer ins Gefängnis muß, geht ins Gefängnis.* Liebloses, egoistisches Denken ohne vertrauensvolle Verbindung zur göttlichen Führung verursachen viele seelische Nöte. Diese legen sich wie dunkle Wolken auf die Seele. Es sind Blockaden im feinstofflichen Energiesystem, die die Gesundheit des Körpers schwächen.

Wer bestimmt ist, mit dem Schwert getötet zu werden, wird mit dem Schwert getötet werden. Diese Aussage kann sinnbildlich darauf hinweisen, daß alles, was wir denken und tun Karma schafft. Kein Gedanken, keine Bilder, die wir geschaut haben, gehen verloren. Sie bleiben im feinstofflichen Seelenkörper. Es bleibt jedem Menschen die Freiheit zu entscheiden, welche Nahrung er seiner Seele gibt. Er kann wählen zwischen Licht und Frieden oder Haß und Entsetzen. Die Gesetze des Himmels führen aus, was wir selbst geschaffen haben. Es steht aber jedem Menschen zu, sich selbst lebendig und natürlich zu bewahren, ohne daß er sich in das Gefängnis von seelischem Leid begeben muß. *So ist die Erwartung und der Glaube der Heiligen.*

Das Tier von der Erde

Dann sah ich ein anderes Tier von der Erde sich erheben. Es hatte zwei Hörner wie ein Widder und redete wie ein Drache. Es übt die ganze Macht des ersten Tieres vor ihm aus und bringt die Erde und ihre Bewohner dahin, das erste Tier anzubeten, dessen Todeswunde geheilt war. Es wirkt große Zeichen, so daß es vor den Menschen sogar Feuer vom Himmel auf die Erde fallen läßt. Durch die Zeichen, die es vor dem Tiere zu wirken vermag, verführt es die Bewohner der Erde. Es überredet nämlich die Bewohner der Erde, ein Bild von dem Tiere zu machen, das die Schwertwunde hatte und wieder auflebte. Es wurde ihm gegeben, dem Tiere Lebensgeist zu verleihen, so daß das Bild des Tieres reden konnte und alle töten ließ, die das Bild des Tieres nicht anbeten wollten. Es brachte alle dazu, groß und klein, arm und reich, frei und unfrei, sich ein Malzeichen auf ihrer rechten Hand und auf ihrer Stirne zu machen. Niemand sollte etwas kaufen oder verkaufen können, der nicht das Malzeichen, den Namen des Tieres oder den Zahlenwert seines Namen hat. Hier braucht es Weisheit: Wer Verstand hat, errechne den Zahlenwert des Tieres. Es ist die Zahl eines Menschen. Seine Zahl ist 666.

Ähnlich beschreibt der Prophet Daniel eine Endzeitvision als Kampf zweier Tiere: »Ich erhob meine Augen und schaute, und siehe, am Flusse stand ein Widder; er hatte zwei Hörner, und die beiden Hörner waren hoch, und das eine war höher als das andere, und das höhere war zuletzt aufgesprosst. Ich schaute dann, wie der Widder gegen Westen, Norden und Süden stieß. Kein Tier konnte ihm widerstehen und niemand aus seiner Gewalt sich retten; er tat, was er wollte, und kam zu großer Macht« (Daniel 8, 3–4).

Johannes vermittelt ein ähnliches Bild. Ein weiteres Tier erhebt sich von der Erde, das aus dem ersten Tier entsteht. Wenn wir die Entwicklung der Bildschirme verfolgen, können wir unschwer erkennen, daß der Computer-Bildschirm aus dem ursprünglichen Fernseh-Bildschirm hervorgegangen ist. *Es übt die ganze Macht des ersten Tieres vor ihm aus.*

Das Verhängnisvolle ist wohl die Macht oder die Faszination, die die Menschen an eine künstliche Welt zu fesseln vermag. Es fällt mir nicht leicht, warnende Worte über technische Errungenschaften, die ich gezwungenermaßen selbst nutze, zu verbreiten. Doch weiß ich aus meiner therapeutischen Tätigkeit, wie stark Menschen von elektromagnetischen Feldern belastet sein können. Ich habe die Gabe der Hellfühligkeit und kann mich in das seelische und körperliche Befinden einfühlen. Viele Menschen leiden heute an psychosomatischen Störungen, weil der harmonische Fluß der Lebenskraft blockiert ist. Der Druck auf die Menschen hat unwahrscheinlich zugenommen. Überall herrscht Hektik und Unruhe. Diffuse Ängste, Schlafstörungen oder Mutlosigkeit verursachen ein Gefühl des Ausgeliefertseins. Herz- und Kreislaufbeschwerden, Depressionen und nicht zuletzt Alkohol- und Drogenmißbrauch bis hin zu Medikamenten, die die Wahrnehmungsfähigkeit eindämmern, spiegeln das Befinden unzähliger Menschen der heutigen Zeit.

Es überredete nämlich die Bewohner der Erde, ein Bild

von dem Tiere zu machen, das die Schwertwunde hatte und wieder auflebte. Tatsächlich gibt es weltweit kaum mehr Möglichkeiten, ohne Bildschirme auszukommen. Fast alle geschäftlichen Aktivitäten spielen sich über das Computernetz ab. *Es wurde ihm gegeben, dem Tiere Lebensgeist zu verleihen, so daß das Bild des Tieres reden konnte.* Menschen, die sich nicht an die neue Technik anpassen, haben keine Existenzgrundlage mehr. Zudem werden viele Arbeitsplätze aufgelöst. Eine große Not breitet sich durch die Arbeitslosigkeit aus.

Niemand sollte etwas kaufen oder verkaufen können, der nicht das Malzeichen, den Namen des Tieres oder den Zahlenwert seines Namens hat. Bereits heute schon erfolgt ein großer Teil des Zahlungsaustausches über Kreditkarten. Strichcodes werden mit elektronischen Geräten abgelesen. Eifrig werden neue Ablesegeräte entwickelt, die die Pupille des Auges, Fingerabdrücke usw. registrieren können. Der ganze Handel wird sich wohl bald nur noch über die Elektronik abspielen. Ignoriert wird dabei, daß alle künstlich erzeugten elektrischen Ströme die Harmonie der natürlichen elektromagnetischen Felder stören.

Über die geheimnisvolle Zahl 666 ist schon viel nachgedacht worden. Ich versuche sie aus der Sicht der alten Zahlenmystik zu interpretieren. Die Zahl Sechs entspricht dem hebräischen Buchstaben V und bedeutet Trennung. Im Tarot weist die Karte »Die Entscheidung« oder »Die Liebenden« den Zahlenwert Sechs auf. Diese Karte weist auf die Schwierigkeit der Willensfreiheit der Menschen hin. Es müssen Entscheidungen getroffen werden zwischen geistigen und irdischen Werten. Die Folgen der richtigen oder falschen Wahl zeigen sich meistens viel später. Die Karte warnt vor dem Erliegen einer Faszination, vor dem Ersetzen einer Abhängigkeit durch eine andere oder vor zu großer Nachgiebigkeit gegen sich selbst.

Es ist die Zahl eines Menschen. Die Zahl 666 kann sich

symbolisch auf alle drei Ebenen des Menschen beziehen: auf die körperliche, seelische und geistige.

Der Körper reagiert auf zu langes Aufhalten vor dem Bildschirm mit Energieblockaden. Die Lebenskraft fließt nicht mehr harmonisch. Engegefühl im Brustbereich und innere Spannung sind häufige Folgen davon.

Auf der seelischen Ebene fehlt die zwischenmenschliche Kommunikation. Einsamkeit und Antriebslosigkeit sind nicht selten.

Die geistige Ebene möchte die Grundprinzipien des kosmischen Gesetzes der Liebe verwirklichen. Falsche Wertvorstellungen stellen sich dem kosmischen Strom von Licht, Lebenskraft und Freude entgegen und bewirken eine fatale Trennung davon.

Trotz aller irdischen Nöten werden wir in der nächsten Vision getröstet, denn im Innern sind wir unauslöschlich ein Teil der Höheren göttlichen Lichtwelt. Diese gilt es zu entdecken und den Schleier, der uns davon trennt, zu entfernen.

Das Gefolge des Lammes

Ich schaute, und siehe, das Lamm stand auf dem Berge Sion und mit ihm 144 000. Sie trugen seinen Namen und den Namen seines Vaters auf ihren Stirnen geschrieben. Und ich hörte eine Stimme aus dem Himmel wie das Getöse vieler Wasser und wie das Rollen eines gewaltigen Donners. Die Stimme, die ich hörte, klang, wie ·wenn Harfenspieler auf ihren Harfen spielen. Sie singen ein neues Lied vor dem Throne, vor den vier Wesen und vor den Ältesten. Niemand konnte das Lied vernehmen als nur die 144 000, die von der Erde losgekauft sind. Sie sind es, die sich rein vor Frauen hielten und jungfräulich geblieben sind. Sie sind es, die dem Lamme folgen, wohin es geht. Sie sind aus den Menschen erkauft als Erstlinge für Gott und das Lamm. In ihrem Munde ist keine Lüge erfunden. Sie sind ohne Makel (vor Gottes Thron).

Wie tröstlich scheint dieses Bild nach den vorangegangenen Visionen! Johannes vermittelt uns das Bild einer Menschheit, die den Mächten grenzenloser Zerstörungsgewalt ausgesetzt ist, aber zugleich zu den Sphären des Himmels aufblicken kann. Der Mensch kämpft auf seinem Entwicklungsweg gegen die Leiden des irdischen Lebens – die Glückseligkeit des Göttlichen ist ihm jedoch niemals verschlossen.

Johannes schenkt uns einen Einblick in diese Welt des Lichtes. *Sie trugen seinen Namen und den Namen seines Vaters auf ihren Stirnen geschrieben.* Das Dritte Auge oder Stirnchakra ist geöffnet. Der göttliche Ton ist hörbar, *wie wenn Harfenspieler auf ihren Harfen spielen.* In diese wunderbare Geisteswelt ist der Mensch eingebunden. Hier herrschen Freude, Harmonie und Glückseligkeit, und diese Eigenschaften durchströmen die Seele und den Geist. Der Körper jedoch ist an die irdische, vergängliche Welt gebunden. Durch die Liebeskraft der Herzensmitte wirkt das göttliche Licht, und die Schleusen zum Himmelslicht – zum Lamm – sind geöffnet.

144 000 Auserwählte sind versammelt um den Berg Sion – ein Symbol des geistigen Aufstieges und der mühsam errungenen Höherentwicklung. Viele Seelen sind erfüllt vom Christus-Bewußtsein und ihr Lichtkörper ist strahlend rein.

... die sich rein vor Frauen hielten bedeutet in diesem Zusammenhang die Befreiung aus den Verhaftungen an die materielle Welt. Das Materielle wird sinnbildlich als Frau dargestellt, weil weibliche Kräfte Materie bilden, die Geistkraft jedoch die Materie durch das innere Licht belebt. Mater = Mutter = Materie ist die irdische, sinnesorientierte Form des Daseins. Dieser materielle Aspekt des Lebens dient dem erleuchteten Menschen als Spiegel seiner Seele.

Er erkennt auf dem Weg zum inneren Licht die Tatsache, daß nichts geschieht ohne die Geistkraft des ewigen, lichtvollen Urgrundes.

Sie sind es, die dem Lamme folgen, wohin es geht. Inspiriert durch liebevolle, geistige Helfer wird das alltägliche Geschick eines lichterfüllten Menschen gelenkt. Sie verströmen die Licht- und Lebensenergie durch Gedanken, Inspirationen und liebevolle Gefühle. *Sie sind ohne Makel.* Vertrauensvoll und ohne große Sorgen kann alles in die Hände der geistigen Führung gelegt werden, denn sie weiß, was auf dem irdischen Lebensweg gut und passend ist. Ein tiefes Einverstandensein löst alle Ängste und Sorgen ab.

Sei ein Freund des Hymnus.
Sei ein Freund der Musik.
Du wirst geliebt in deinem Harfenspiel.

Spiele die Harfe dem Geliebten Sohn,
dem König des Lebens,
dem Lebenden Äther,
dem Äon der Äonen.

Mache Musik dem Land des Lichtes,
dem Baum des Lebens,
der geheiligten Gnosis
und spiele die Harfe der Auferstehung.

Weit geöffnet ist das Tor
für die Stimme eines geheiligten Herzens,
für die Musik deiner Harfe.
Das Gastmahl des Hochzeitsfestes ist bereitet.

Sei ein Freund des Hymnus.
Sei ein Freund der Harfe.

Und für dich wird Musik gemacht werden.[16]

Ankündigung des Gerichtes

Ich sah einen andern Engel im Himmelsraume fliegen. Er hatte den Bewohnern der Erde, allen Völkern, Stämmen, Sprachen und Nationen eine ewige Heilsbotschaft zu verkünden. Er rief mit lauter Stimme: Fürchtet Gott und gebt ihm die Ehre. Die Stunde seines Gerichtes ist gekommen. Betet ihn an, der Himmel und Erde, das Meer und die Wasserquellen erschaffen hat. Ihm folgte ein anderer Engel und rief: Gefallen, gefallen ist das große Babylon, das mit dem Glutweine seiner Unzucht alle Völker berauscht hat.
Ihnen folgte ein dritter Engel und rief mit lauter Stimme: Wer das Tier und sein Bild anbetet und dessen Malzeichen auf seiner Stirne oder auf seiner Hand trägt, der soll vom Glutweine Gottes trinken, der ungemischt im Becher seines Zornes eingeschenkt ist. Er wird mit Feuer und Schwefel vor den heiligen Engeln und vor dem Lamme gefoltert werden. Der Rauch ihrer Folter steigt in alle Ewigkeit empor. Sie haben keine Ruhe bei Tag und bei Nacht, sie, die das Tier und sein Bild anbeten und das Malzeichen seines Namens tragen. So ist es die Erwartung der Heiligen, die Gottes Gebote und den Glauben an Jesus bewahren.
Und ich hörte eine Stimme aus dem Himmel (zu mir) sagen: Schreibe: Selig von jetzt an die Toten, die im Herrn sterben. Ja wahrlich, spricht der Geist: Sie sollen von ihren Mühen ausruhen, denn ihre Werke folgen ihnen nach.

Johannes beschreibt in dieser Vision die unumstößliche Macht der Welt des geistigen Hintergrundes und die Wiederherstellung der kosmischen Ordnung. Die Welt des

Lichtes mit ihren Engeln verkünden eine *ewige Heilsbotschaft*. Deutlich – *er rief mit lauter Stimme* – wird eine geistige Botschaft in das Bewußtsein eingegeben, nämlich die Aufforderung, die Schöpfung zu respektieren. *Betet ihn an, der Himmel und Erde, das Meer und die Wasserquellen erschaffen hat.* Fehlhaltungen, die gegen die strömende Lebensenergie des Kosmos verstoßen, haben keinen Bestand. Menschen leiden seelisch und körperlich, wenn die Lebensenergie blockiert oder geschwächt wird. Der Leidensdruck bietet aber die Chance, Fehlhaltungen zu erkennen. Erst die körperlichen Schmerzen machen uns oftmals darauf aufmerksam, daß die Seele leidet. Energetische Blockaden im Schulterbereich und Hinterkopf sind oft Ursache von Schlaflosigkeit und innerer Unruhe. *Sie haben keine Ruhe bei Tag und bei Nacht, sie, die das Tier und sein Bild anbeten und das Malzeichen seines Namens tragen.*

Auf dem Weg der Seele zum Licht wächst die Erkenntnis, daß eine innige Verbindung zur geistigen Welt unendlich hilfreich ist für alle Belange, auch für die irdischen Dinge. In unserer Zeit wird überall eine ganz neue Durchdringung von Lichtkräften spürbar. Sie bringen geistige Werte ins Bewußtsein der Menschen und verbreiten das göttliche Liebeslicht. In alle Seelen, die sich dafür öffnen, ergießt sich als Belohnung höchste Glückseligkeit. *Selig von jetzt an die Toten, die im Herrn sterben.* Diese himmlische Zuwendung steht allen zu, die durch innere Stille und Meditation zur Welt des Lichtes und der Liebe geöffnet sind. *Ja wahrlich, spricht der Geist: Sie sollen von ihren Mühen ausruhen, denn ihre Werke folgen ihnen nach.*

Das nachfolgende Zitat von Wolfgang Kopp beschreibt eine Erleuchtungserfahrung, wie sie auf dem spirituellen Entfaltungsweg in unserer Zeit immer häufiger wird.

»Der Durchbruch zur letzten Wirklichkeit liegt aber stets jenseits der menschlichen Fähigkeit. Die Erleuchtungserfahrung bleibt immer ein Göttliches Gnadengeschenk.

Als solches wird es jedenfalls von denen empfunden, die von diesem Erlebnis geradezu überwältigt und im Innersten ihres Seins getroffen sind, so daß sie erkennen: Der Verursacher des Erlebens bin nicht ich selbst; vielmehr bin ich der Ergriffene.«[17]

Gerettete und Verworfene

Ich schaute, und siehe, eine weiße Wolke. Auf der Wolke saß einer wie der Menschensohn. Auf seinem Haupte trug er eine goldene Krone und in seiner Hand eine scharfe Sichel. Ein anderer Engel trat aus dem Tempel und rief mit lauter Stimme dem zu, der auf der Wolke saß: Lege an deine Sichel und ernte, denn die Stunde zu ernten ist gekommen. Die Ernte der Erde ist überreif. Und der auf der Wolke saß, warf seine Sichel auf die Erde, und die Erde wurde abgeerntet. Ein anderer Engel trat aus dem Tempel im Himmel hervor. Auch er trug eine scharfe Sichel. Noch ein anderer Engel trat vom Altare hervor. Er hatte Macht über das Feuer. Mit lauter Stimme rief er dem zu, der die scharfe Sichel hatte: Lege an deine scharfe Sichel und ernte die Trauben des Weinstockes der Erde ab, denn seine Beeren sind reif. Da legte der Engel seine Sichel an die Erde an und erntete den Weinstock der Erde ab und warf es in die große Zorneskelter Gottes. Die Kelter wurde vor der Stadt getreten. Das Blut floß bis an die Zügel der Rosse, 1600 Stadien weit.

Wolken des Himmels sind symbolisch Wohnstätte der Heiligen. Johannes schildert in dieser Vision das Erscheinen der Christusgestalt mit einer goldenen Krone. Die Fülle des göttlichen Lichtes umstrahlt sein Oberhaupt. In seiner Hand hat er *eine scharfe Sichel.* Die Sichel kann sowohl Symbol der Zeit und des Todes sein – aber auch der Erneuerung und Wiedergeburt.

Auf welche Weise diese traurige Ernte geschehen wird, können wir fortwährend beobachten: Täglich sterben unzählige Tier- und Pflanzenarten aus, tödliche Krankheiten an Menschen und Tieren erzeugen eine große Ratlosigkeit. Wir ernten, was wir denken und tun. Hier geht es um ein kollektives Karma der Erdbewohner. *Die große Zorneskelter* Gottes können wir uns als reinigendes Feuer vorstellen, das nicht nur eine zerstörende sondern auch eine sühnende und erlösende Kraft ist.

Als ob meine Gedanken und meine Arbeit auch von außen eine Bestätigung bräuchten, fand ich – gerade als ich obiges Kapitel fertig geschrieben hatte – folgendes Schreiben in meinem Briefkasten:

Aufgrund alter Prophezeiungen treffen sich traditionelle Chiefs und Medizinleute amerikanischer Indianer zur Zeit der Sommersonnenwende 1996 bei den Black Hills, den heiligen Bergen der Lakota. Bei der Zusammenkunft unter dem Motto »Schrei des Adlers« geht es um die erwarteten »Tage der Reinigung«. Arvol Looking Horse, Hüter der heiligen weißen Büffelkuh-Pfeife, erklärte dazu: »Wir müssen auf unseren heiligen Plätzen beten. Sie haben gewisse Energien, Kräfte. Wir müssen für die Heilung der Erde, für den Frieden beten. Wir bitten alle Nationen, alle Völker, von ihren heiligen Orten aus zur gleichen Zeit zu beten. Wir müssen das machen, denn die Zeit ist nahe, in der die Welt ausflippen wird und die Kinder leiden werden. Wir müssen es jetzt tun, denn die »spirits« (Geistwesen) haben uns mitgeteilt, daß sie uns auf dem halben Weg treffen werden.
Diese Gebete sollen dem Frieden und der Heilung der Mutter Erde dienen. Die Prophezeiungen der eingeborenen Nationen sprechen von großen Umweltkatastrophen, die nunmehr nur noch »eingedämmt« werden können. »Die Welt ist reif für die Zerstörung der uns bekannten

— 121 —

westlichen Zivilisation«, sagen die Eingeweihten. Eine Überlebenschance bietet ihrer Ansicht nach nur die konkrete Rückkehr zu den »ursprünglichen Anweisungen des Schöpfers«. Aktionen im sozialen und ökologischen Bereich sind wichtig. Aber die Ältesten sind überzeugt, daß die auf uns zukommenden Veränderungen nur durch Spiritualität, Gebete und Rituale beeinflußt werden können. Ökologie und Spiritualität dürfen nicht mehr getrennt werden.

Es ist das erste Mal, daß die traditionellen Chiefs und Medizinleute zu einer derartigen Aktion aufrufen. Die Botschaft richtet sich an alle. Daher hat der Arbeitskreis für Bioregionalismus und spirituelle Ökologie (Bad Aussee) einen Aufruf verfaßt, in dem es heißt: »Geht gemeinsam mit Gleichgesinnten zu einem Ort der Kraft in eurer Heimatregion oder einfach an einen Platz möglichst in der Natur, der euch anzieht. Bildet einen Kreis und betet für den Frieden, für die Heilung der Mutter Erde, für das Wohlergehen unserer Kinder und Enkel. Betet, daß auch wir zu den ursprünglichen Anweisungen des Schöpfers zurückfinden.

Ein Engel, der *Macht über das Feuer hat,* ruft dem Christus-Geist zu, die *Trauben des Weinstockes der Erde* zu ernten. Sie werden in die *Zorneskelter Gottes* geworfen. Diese Aussage kann zweierlei Bedeutung haben: Sie kann eine weltumspannende Läuterung durch ein geistiges Feuer bedeuten oder ein zerstörendes, irdisches Feuer. *Das Blut floß bis an die Zügel der Rosse, 1600 Stadien weit.* Das ist umgerechnet eine Länge von ungefähr 290 km. Beten und hoffen wir, daß mit dieser Vision ein geistiges Feuer gemeint ist!

Wenn Du, mein geliebter Gott,
das Rad der Zeit stillehältst
fällt alles Sichtbare wie
ein Kartenhaus zusammen.
Die Atome lösen sich voneinander,
und wir schauen heiter
auf die neue Ordnung.
Nichts kann meine Geborgenheit
in Dir erschüttern.
Meine Verbindung zu Dir ist ewiglich –
ohne Zeit, ohne Raum, ohne Form.
Ich bin in Dir und Du bist in mir.

Sieben Zornschalen

Wiederherstellung der himmlischen Ordnung auf der Erde

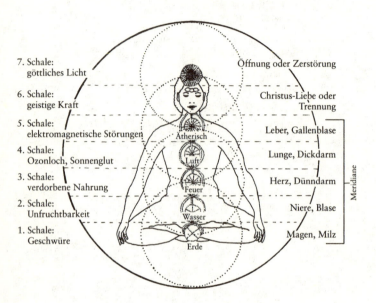

Reinigung von Fehlhaltungen und Irrtümern
gegenüber der göttlichen Ordnung
↓
Untergang einer Zivilisation oder Gesinnung,
die gegen die geistigen Gesetze verstößt
↓
Sieg der großen Ordnung des Himmels
↓
trennende Kräfte, Verirrungen
werden unschädlich gemacht
↓
endgültige Reinigung und Gericht

DIE SIEBEN ZORNSCHALEN

Vorspiel im Himmel

Ich sah ein anderes Zeichen am Himmel, groß und wunderbar: sieben Engel mit den sieben letzten Plagen, worin der Zorn Gottes sich vollendet. Ich sah etwas wie ein kristallenes, mit Feuer gemischtes Meer. Zudem die Sieger über das Tier und sein Bild sowie die Zahl seines Namens, wie sie mit Harfen Gottes am kristallenen Meere standen. Sie sangen das Lied des Moses, des Knechtes Gottes, und das Lied des Lammes: Groß und wunderbar sind deine Werke, Herr, allmächtiger Gott. Gerecht und wahrhaft sind deine Wege, König der Völker. Wer sollte dich nicht fürchten, Herr? Wer deinen Namen nicht preisen? Denn du allein bist heilig. Alle Völker werden kommen und dich anbeten. Deine Gerichte sind nämlich offenbar geworden.
Darauf sah ich, wie sich im Himmel der Tempel mit der Bundeslade öffnete. Die sieben Engel mit den sieben Plagen traten aus dem Tempel. Sie waren in strahlendes, reines Linnen gekleidet und hatten die Brust mit goldenem Gürtel umgürtet. Eines von den vier Wesen gab den sieben Engeln sieben goldene Schalen, voll vom Zorne Gottes, der in alle Ewigkeit lebt. Der Tempel füllte sich vom Rauche der Herrlichkeit und der Macht Gottes. Niemand konnte in den Tempel eintreten, bis die sieben Plagen der sieben Geister zu Ende waren.

— 125 —

Johannes sah eine wunderbare himmlische Dimension, in der sich *sieben Engel mit den sieben letzten Plagen* vorbereiten. Er sah Engelwesen und Menschen in großer Zahl vereint. Sie priesen die göttliche Allmacht und die weisen Gesetze des Himmels und der Erde. *Groß und wunderbar sind deine Werke.* Innerlich erwachte Menschen dürfen an dieser geistigen Glückseligkeit teilnehmen. Diese Vision erlaubt einen Einblick in die geistige Sphäre der Urmaterie des Christus-Lichtes. Aus ihr ertönt ein sanfter ewiger Klang des verströmenden Lichtes – der göttliche Ton OM –, hier *die Harfen Gottes* genannt. Die sieben Engel stellen die göttliche Ordnung wieder her in einer Welt, die sich von der Weisheit des Schöpferlogos weit entfernt hat.

Es war mir kürzlich für einen kurzen Moment vergönnt, durch das Dritte Auge, eine feinstoffliche Landschaft anzuschauen, die der Beschreibung von Johannes ziemlich entsprach. Ich sah Berge und Hügel in zartestem, durchscheinendem Grün, und ein See schien aus einer wellenförmigen festen Substanz zu bestehen, die lichtdurchlässigen Edelsteinen glich. Dieser Anblick löste bei mir Erstaunen aus und ich wußte, daß es die Landschaft einer höheren Schwingungsebene ist.

Die Bundeslade ist Sinnbild für das höchste Heiligtum, für das innerste Wesen der göttlichen Lichtquelle. *Sieben letzte Plagen* oder Läuterungsprozesse sind durchzustehen, bis die Seele dieses höchste Ziel erreicht. Es geht in dieser Endzeitvision jedoch um eine kollektive Vergeistigung der Menschheit. Die sieben Zornschalen weisen auf gravierende Verirrungen der Menschen und deren Auswirkungen hin. Der Zorn Gottes ist ein läuterndes, karmisches Feuer einer Höheren Ordnung. Fehlhaltungen werden schonungslos aufgedeckt: *Deine Gerichte sind nämlich offenbar geworden.* In der Sphäre des reinsten Lichtes wird beschlossen, wie die Seelen der Menschen und die ganze Erde gewandelt werden. Die Läuterung geschieht wieder in einer Siebenerordnung durch sieben Engel. *Die sieben Engel mit den sieben Plagen traten aus dem Tempel.* Es sind reine Geister, wahre Lichtträger. *Sie waren in strahlendes, reines Linnen gekleidet.*

Doch der Tempel, das Höchste Heiligtum, bleibt geschlossen, bis die Reinigung oder Läuterung vollzogen ist, sei es kollektiv auf der ganzen Erde oder im einzelnen Menschen. *Niemand konnte in den Tempel eintreten, bis die sieben Plagen der sieben Geister zu Ende waren.* Der einzelne Mensch ist jedoch Teil der großen Weltenseele des kosmischen Christus-Lichtes. Der Energiekörper des Menschen wird gespeist von Licht- und Lebenskraft. Wenn jedoch negative Gedanken und Gefühle den Energiefluß blockieren, leidet er seelisch und körperlich. Dieses Leiden kann als *Zornschale* betrachtet werden, denn das Leiden bewirkt eine seelische Läuterung.

O gütiger, großer Geist, wir danken Dir für die Freude und den Segen, den uns die Schönheit dieser Erde bringt.
Wir danken Dir für Leben und Liebe und
für alles Glück, das uns das Leben schenkt.
In dieser Stunde des Gebetes legen wir alle irdischen Gedanken und Wünsche von uns und beten,
daß wir empfänglich werden für das Ausströmen des Lichtsegens von der Welt des Geistes, der himmlischen Welt, dem himmlischen Garten. In diesem Augenblick der Stille sind wir frei von allen Verwicklungen in irdische Sorgen und Forderungen.
Wir beten, o gütiger Geist, daß wir hineingetragen werden in Dein weißes, heiliges Feuer.
Wir sehen die zahllosen scheinenden Wesen,
wir spüren ihre Liebe.

Wir sind vereint mit allen Erscheinungsformen des
Lebens.
Wir sind umschlossen von Dir, unserem Schöpfer.
Wir ruhen in Dir und Du bist in uns.
Wir beten, die himmlische Musik wahrnehmen zu
dürfen, die Harmonie Deines Geistes.
Sie gibt unseren Seelen den Frieden der All-Einheit.
Wir fühlen das im All-Vereint-Sein von uns allen;
auch mit jenen, die in den geistigen Welten leben, mit
aller Schöpfung, – All-Eins-Sein in Dir,
Du große Wesenheit – weißer Geist.[18]

Die Ausgießung der Schalen

Die erste Schale

Ich hörte eine laute Stimme aus dem Tempel den sieben Engeln zurufen: Geht hin und gießt die sieben Schalen des Zornes Gottes auf die Erde aus.
Der erste ging hin und goß seine Schale auf die Erde aus. Schlimme und bösartige Geschwüre befielen alle Menschen, die das Malzeichen des Tieres trugen und sein Bild anbeteten.

Wie bereits erwähnt, können die Visionen des Johannes sowohl Seelenbilder des einzelnen als auch der kollektiven Menschheit sein. Das Zornfeuer der Höchsten Weisheit reinigt die Seele der Menschen durch Leiden, möchte aber die Herzen öffnen für das Liebesfeuer seiner Sohnschaft, das alles durchströmende Christus-Licht.

Die sieben Engel sind die Grundkräfte des Lebens, die im Dienste der kosmischen Ordnung stehen. Die geschilderten Nöte zeigen folgenschwere Fehler auf, und die notwendige Reinigung durchdringt alle Ebenen der Schöpfung. Der Körper ist Teil der Erde, und der Geist ist Teil des Himmels. Die sieben Energiezentren oder Lichter verbinden beide Ebenen zu einem Ganzen.

Die Entfernung von der göttlichen Seinsebene und seiner Lebenskraft bewirkt auf allen Ebenen des Menschen eine Verminderung von Licht-Energie. In jede Zelle des Körpers, in jedes Organ strömt ordnende, von höchster Intelligenz durchdrungene Lebenskraft – ein Liebeslicht. Jeder Gedanke und jedes Gefühl, das gegen das Prinzip der Liebe gerichtet ist, blockiert die Lebensenergie in den Chakras und in den Meridianen. Wie bereits im ersten Teil dieses Buches erwähnt, sind Meridiane Leitbahnen, die die Lebensenergie im ganzen Körper verteilen. Lebensenergie strömt nach bestimmten Gesetzen und ist eng mit dem seelischen Befinden des Menschen verbunden. In meinen Therapien fühle ich mit meinen Händen Energieblockaden und entsprechende Emotionen, die die Energie blockieren. Seelische Schmerzen somatisieren sich im physischen Körper. Die körperliche Gesundheit und das seelische Wohlbefinden sind von einem guten, harmonischen Fluß der Lebensenergie abhängig. Ein perfektes, aufeinander abgestimmtes Zusammenwirken der Elemente spiegeln den Makrokosmos im menschlichen Mikrokosmos.

Der erste Engel *goß seine Schale auf die Erde aus.* Betroffen ist das Element Erde, das nicht nur einen Bezug zum Wurzelchakra hat, sondern auch zum Magen- und Milzmeridian. Seelische Nöte wie Ablehnung, Verbitterung, Ekel und Kritiksucht schwächen den Fluß der Lebensenergie in diesen Meridianen. Die Reinheit des Blutes und die Gesundheit der Haut leiden darunter. Hinzu kommt der belastende Elektrosmog aus allen elektrischen Geräten. Dies kann durchaus bösartige Geschwüre begünstigen. Da und dort treten zudem vermehrt aggressive Viren auf, die bis jetzt unbekannt waren und die Menschheit in Angst und Schrecken versetzen, weil es keine wirksamen Medikamente dagegen gibt.

Die Ausgießung der sieben Zornschalen zeigt aber auch auf, wie verheerend sich die Folgen einer kollektiven, inneren Disharmonie weltweit auswirken. Wie innen so außen – das Äußere spiegelt das innere Befinden.

Die zweite Schale

Der zweite goß seine Schale in das Meer aus. Es wurde wie Totenblut, und jedes Lebewesen im Meere starb.

Wir stehen bereits mitten drin in diesem dramatischen Trauerspiel der Erde. Auch diese Schale ist bereits ausgegossen. Die Fischbestände gehen weltweit zurück. Niemand kennt den wahren Grund dafür. Sicher sind viele schädliche chemische Zusammensetzungen in den ganzen Wasserkreislauf gelangt. Die Lebensbedingungen für Wassertiere sind massiv gestört. *Totenblut* bedeutet das Absterben der Lebewesen. Aus dem Wasser kommt alles Leben. Aber es gibt kein neues Wasser auf der Erde. Durch einen stetigen Kreislauf wird es immer wieder gereinigt. Doch hat die weltweite Verschmutzung derart zugenommen, daß eine Reinigung nicht mehr vollzogen werden kann und sauberes Trinkwasser vielerorts knapp geworden ist.

Dem Element Wasser unterstehen das Sexualchakra und der Blasen- und Nierenmeridian. Die Zahl der Samenzellen im Sperma haben sich auf unerklärliche Weise stark vermindert. Die Zeugungsfähigkeit hat an Kraft verloren. Auf der seelischen Ebene hemmen Angst, Ungeduld und Frustrationen die Lebensenergie in den beiden Meridianen. Gehemmt sind Vertrauen und Mut zu kreativer Motivation und Lebensfreude. Es mangelt an Lichtenergie für ein liebevolles Hinfinden zum Mitmenschen.

Die dritte Schale

Der dritte goß seine Schale in die Flüsse und Wasserquellen aus, und sie wurden zu Blut. Da hörte ich den Engel der Gewässer sagen: Gerecht bist du, (o Herr), der du bist und warst, du Heiliger, daß du solches Gericht gefällt hast. Denn Blut von Heiligen und Propheten haben sie vergos-

sen. Dafür gabst du ihnen Blut zu trinken: sie haben es so verdient. Und ich hörte den Altar sagen: Ja, Herr, allmächtiger Gott, wahr und gerecht sind deine Gerichte.

Die dritte Zornschale trifft *Flüsse und Wasserquellen.* Der Engel der Gewässer hütet die Reinheit der Quellen. Aber sie sind verdorben und somit auch die Nahrung und die Körpersäfte der Menschen.

Es gibt Gemälde, die Christus am Kreuz mit einer Seitenwunde darstellen, aus der ein roter und ein weißer Blutstrahl fließen. Die rote Farbe des Blutes ist Sinnbild für das geistig männliche Prinzip und die weiße Farbe für das materiell weibliche. Dieses Blut ist Sinnbild für die Vereinigung von Geist und Materie im kosmischen Christus. *Das Blut von Heiligen und Propheten haben sie vergossen* kann bedeuten, daß sich die Menschen abgesondert haben von geistigen oder spirituellen Impulsen – dem Liebesfeuer der geistigen Welt – und dadurch die Lebenskraft geschwächt haben.

Die dritte Zornschale betrifft das dem Element Feuer zugeordnete Solarplexuschakra und den Herz- und Dünndarmmeridian. *Dafür gabst du ihnen Blut zu trinken*, d. h., ihre Körpersäfte sind übersäuert, aggressiv und aus dem Gleichgewicht gekommen.

Gefühle wie Haß, Ärger, Trauer und Kummer hemmen die Lichtenergie im Herz- und Dünndarmmeridian und somit den Kreislauf des Blutes und die Verwertung der Nahrung. Vertrauen und Toleranz öffnen zur kosmischen Lebenskraft. Der seelische Zustand des Menschen zieht entsprechende Situationen oder Menschen an, die ihm die Möglichkeit geben, sich selbst zu erkennen. Das Äußere ist immer ein Spiegel der eigenen Seele. *... wahr und gerecht sind deine Gerichte*, spricht der *Altar*, Sinnbild für göttliche Weisheit und Gerechtigkeit.

Die vierte Schale

Der vierte goß seine Schale auf die Sonne aus. Da wurde ihr gegeben, die Menschen mit (Glut und) Feuer zu versengen. Die Menschen wurden von großer Glut versengt. Trotzdem lästerten sie den Namen Gottes, der die Macht über diese Plagen hat. Sie änderten nicht ihren Sinn und gaben ihm nicht die Ehre.

Das Fehlverhalten der Menschen hat große Störungen im ganzen kosmischen Bereich ausgelöst. Auch diese Zornschale wurde bereits ausgegossen. Sie verleiht der Sonne Macht, *die Menschen mit Feuer zu versengen.* Die katastrophalen Folgen einer fehlenden schützenden Ozonschicht werden uns immer klarer vor Augen geführt. Sonnenallergien und gerötete Augen bis zur Erblindung sind nur die ersten Anzeichen dieser weltweiten Versengung. In vielen Ländern mit einer ausgedünnten Ozonschicht schützen sich die Menschen mit Schirmen und Kleidern vor der Sonne.

Die Menschen wurden von großer Glut versengt. Was tun jedoch Tiere und Pflanzen, die den ganzen Tag dieser unbarmherzigen Einstrahlung ausgesetzt sind? Die Erwärmung der Erde nimmt zu, und das ganze, über Jahrmillionen eingespielte Gleichgewicht ist in diesem letzten Jahrhundert ganz durcheinandergeraten.

Obwohl die weltweiten Probleme offenkundig sind, scheint sich noch keine Änderung der Gesinnung abzuzeichnen. Die Herzen sind verstockt und rücksichtslos. *Sie änderten nicht ihren Sinn.*

Das vierte Energiezentrum, das Herzchakra sowie der Lungen- und Dickdarmmeridian sind dem Element Luft zugeordnet. Stolz, Verachtung, Depressionen und Apathie behindern den Fluß der Lebensenergie in diesen Leitbahnen. Ein geöffnetes Herzchakra jedoch wird zum Zentrum des Christus-Lichtes, das als Liebesenergie wie ein zartes Fluidum aus dem Herzen strömt.

Die fünfte Schale

*Der fünfte goß seine Schale auf den Thron des Tieres aus,
und sein Reich wurde verfinstert. Die Menschen zerbissen
sich vor Schmerz ihre Zungen. Sie lästerten den Gott des
Himmels wegen ihrer Schmerzen und Geschwüre. Doch
bekehrten sie sich nicht von ihrem Treiben.*

Der *Thron des Tieres* kann Sinnbild sein für eine Macht,
die den Menschen entfernt vom Gesetz der Liebe und Zuwendung. Er kann aber auch Symbol einer verhängnisvollen Abhängigkeit von Geräten sein, die eine echte zwischenmenschliche Kommunikation kaum mehr gestatten.
Es besteht die Gefahr, daß sich zwischen den Menschen
eine Scheinwelt aufbaut, die weit entfernt liegt vom kosmischen Gesetz der Liebe und einem lebendigen Energieaustausch. Weltweit ist der ganze Äther voll von elektromagnetischen Wellen aus Satelliten, Radios, Fernsehstatio-
nen usw. ... *sein Reich wurde verfinstert.* Es könnten aber
auch elektromagnetische Stürme das ganze Computersystem
lahmlegen, ohne das alle Tätigkeiten des Geschäftslebens
zum Stillstand kämen.

Die fünfte Zornschale betrifft die ätherische Ebene des
fünften Chakras und des Leber- und Gallenblasenmeri-
dians. Dieses Chakra liegt in der Halsgegend und ist das
Zentrum der Kommunikation und der Macht. Wenn dieses
Energiezentrum blockiert ist, sind Worte und Taten nicht
im Einklang mit dem inneren Befinden und Kommunikation dient der eigenen Macht und dem Eigennutz.

Was im Kosmos geschieht, hat seine Entsprechung im
menschlichen Körper. Der dem ätherischen Element zugeordnete Lebermeridian und Gallenblasenmeridian werden
blockiert durch Gefühle von Zorn, Wut, Entscheidungsun-
fähigkeit oder Hilflosigkeit und beeinträchtigen die gute
Funktion der entsprechenden Verdauungsorgane. *Die Menschen zerbissen sich vor Schmerz ihre Zungen.* Wut und

Ärger stauen sich, und sie beißen sich auf die Zunge, d. h.,
sie halten ihre eigenen Meinungen zurück.

Die sechste Schale

*Der sechste goß seine Schale auf den großen Euphratstrom
aus. Sein Wasser vertrocknete, damit den Königen vom
Sonnenaufgang der Weg freigemacht werde. Und ich sah
aus dem Maule des Drachen, aus dem Maule des Tieres
und aus dem Munde des falschen Propheten drei unreine
Geister wie Frösche hervorkommen. Sie sind nämlich Teu-
felsgeister, die Zeichen tun und zu den Königen der ganzen
Welt ausgehen, um sie für den großen Tag des allmächtigen
Gottes zum Kampf zu sammeln. Siehe, ich komme wie ein
Dieb. Selig, wer wacht und seine Kleider bewahrt, daß er
nicht nackt wandle und man seine Schande sehe. Sie versammelten sie an dem Orte, der auf hebräisch Harmagedon
heißt.*

Auch hier begegnet uns wie in der Vision der sechsten
Posaune die Bezeichnung *Euphratstrom*. Einerseits ist er
ein Strom in Vorderasien, der 2700 km lang ist, in der Tür-
kei entspringt und in den Persischen Gold mündet, ander-
seits ist er Symbol für den Strom der göttlichen Lebenskraft. Auch diese Schale scheint bereits ausgegossen zu sein.
Der Euphrat ist für Stromerzeugung ein mehrfach gestauter
Strom. Aber auch die rücksichtslose Förderung des Erdöls
in dieser Gegend hat der Menschheit einen momentanen
Komfort gebracht, die schädlichen Folgen an der Natur
aber sind bedenklich. Expandierendes Profitdenken soll
grenzenlos werden, und der Marktwirtschaft sollen die
Tore nach China und zum fernen Osten geöffnet werden,
*damit den Königen vom Sonnenaufgang der Weg freige-
macht werde.*
Der *Drache* kann hier Symbol für eine Gesinnung sein,

die sich von der schöpferischen Weisheit getrennt hat. Das *Tier* unterstützt als Medium diese Gesinnung, und der *falsche Prophet* vermittelt den Menschen mit seinen Verführungskünsten eine weit verbreitete, illusionäre Scheinwelt. Diese Entwicklung entfernt die Menschen vom kosmischen Strom der Lebenskraft, weil echte Kommunikation und die Liebe zum Mitmenschen zusehends verloren gehen. Johannes sah diese Entwicklung als *drei unreine Geister wie Frösche hervorkommen.* Ohne Rücksicht auf die natürlichen Ressourcen, auf die Lebensbasis und auf die Gesunderhaltung unserer Erde, entstehen immer größere Probleme. Die Wissenschaft des 20. Jahrhunderts hat viele technische Errungenschaften hervorgebracht – aber auch weltweit große Gefahren. Die ganze Erde ist in ständiger Bedrohung durch die Atomkraftwerke, ganz zu schweigen von den rücksichtslosen, profitorientierten gentechnischen Veränderungen. Das Wohl der Menschen und der Respekt vor dem ausgewogenen, superintelligenten Schöpferwerk scheint in vielen Köpfen nicht mehr wichtig zu sein.

Da die Visionen des Johannes auch Seelenbilder sind, betrachten wir die sechste Zornschale im Zusammenhang mit dem sechsten Chakra, dem Stirnchakra oder Dritten Auge. Ein blockiertes Stirnchakra verschließt die Pforte zur geistigen Welt des Lichtes. Es ist das Zentrum der Sohnschaft Gottes, der Verströmung des Lichtes in die Dualität der irdischen Welt. Der göttliche Lichtstrom wurde im gnostischen Frühchristentum »Strom des Euphrat« genannt. Dieser feinstoffliche Energiestrom ist Lebenskraft für Körper und Seele. Im Dritten Auge offenbart sich das geistige Licht. Die Bewahrung des inneren Lichtes heißt in Verbindung bleiben zum göttlichen Seinsgrund. *Selig, wer wacht und seine Kleider bewahrt, daß er nicht nackt wandle und man seine Schande sehe.* Ohne innere Einkehr durch Ruhe und Meditation bleibt wenig Raum für den geistigen Aspekt. Die Seele ist abgeschnitten vom kosmischen Licht.

Harmagedon wird die Seelen der Menschen erschüttern, die sich den oberflächlichen, naturentfremdeten Äußerlichkeiten verschrieben haben, denn ein solcher Lebensstil entfernt von der Lebenskraft des göttlichen Lichtes und wird von der Höheren Weisheit korrigiert.

Der nachfolgende Thomas-Psalm zeugt vom frühchristlichen Verständnis der Ordnung der Sieben. Die Seele entflieht der dunklen Dimension und findet Frieden im Geiste. Entsprechend können die sieben Chakras zum Licht geöffnet sein oder geschlossen.

Ich rannte und sie rannten hinter mir her.
Sie verfolgten mich durch die ganze Welt.
Mich umwendend rief ich den armen Kerlen zu,
die mich verfolgten:

»Geht fort, ihr von der dunklen Sieben! Kümmert euch um eure Schlingen! Geht fort! Sinkt hinab in den Wahnsinn und fallt ins Feuer, das entzündet ist!
Ich bin keiner von den Söhnen dieser Welt, daß ich in eure Fallgruben fallen und gefangen würde!
Ich bin ein Sohn der Lebenden,
eine Lampe reinen Lichtes.«

So lief ich und lief, bis ich das Ufer des Euphrat erreichte. Am Ufer des Euphrat saß ein Jüngling und machte Musik. Ein Jüngling saß dort und machte Musik im Duft des Lebens, der ihn umgab.

Er sprach:
»Dein Herz sei dir ein Berg!

Dein Bewußtsein erwachse dir zum Lebendigen Geist!
Die Lebenden haben mich zu dir gesandt ...«

Die Lebenden hatten wahrlich einen Boten nach mir
gesandt.
Der faßte mich bei der Hand und führte mich empor ins
Land des Friedens.[19]

Die siebte Schale

*Der siebte goß seine Schale in die Luft aus. Da kam eine
laute Stimme aus dem Tempel vom Throne her und rief:
Es ist geschehen. Nun folgten Blitze, Getöse und Donnerschläge. Auch entstand ein solch gewaltig starkes Erdbeben, wie noch keines seit Menschengedenken war. Die
große Stadt zerfiel in drei Teile, und die Städte der Völker
stürzten ein. So wurde der großen Stadt Babylon vor Gott
gedacht und ihr der Becher des Glutweines seines Zornes
gereicht. Jede Insel verschwand, und Berge fand man nicht
mehr. Ein großer Hagel wie Zentnerstücke fiel vom Himmel auf die Menschen herab. Aber die Menschen lästerten
Gott wegen der Hagelplage, denn seine Plage war schwer.*

Auch diese siebte Schale scheint bereits im Element Luft
ausgegossen zu sein. Der leidende Erdorganismus krankt
an den Folgen menschlicher Respektlosigkeit. Heftige Un-
wetter, wie sie in vergangenen Zeiten selten aufgetreten
sind, Temperaturschwankungen in Rekordhöhen oder -tie-
fen werden gemeldet. Überall verbreiten starke Gewitter
Überschwemmungen und großen Sachschaden. *Nun folgten Blitze, Getöse und Donnerschläge.* Versicherungsgesell-
schaften wissen um die großen klimatischen Bedrohungen
und müssen die Höhe der Prämien neu berechnen. Trotz
aller sichtbaren Katastrophen scheinen viele Menschen ihre
Haltung nicht ändern zu wollen. Die *große Stadt Babylon*

— 138 —

zeigt hier sinnbildlich eine Menschheit, die ohne Verbindung zur göttlichen Weisheit einen kollektiven Untergang erlebt: *So wurde der großen Stadt Babylon vor Gott gedacht und ihr der Becher des Glutweines seines Zornes gereicht.*

Beten und hoffen wir, daß das starke Erdbeben ausbleibt. Trösten wir uns an der Möglichkeit, daß diese Vision auch ein geistiges Seelenbild sein könnte. Die Luft ist dann Sinnbild eines Zwischenbereichs irdischer und geistiger Welten, in dem die unsichtbaren, aber spürbaren Geister Gottes wirken. Die siebte Ebene des feinstofflichen Menschen erfaßt das Kronenchakra, die Pforte zum Himmlischen Licht. Wenn diese Pforte geöffnet wird, verliert die materielle Welt an Bedeutung, und die Seele des Menschen verschmilzt mit dem großen Licht. Durch dieses Energiezentrum erfüllt göttliches Licht den ganzen Menschen und läutert den Seelenkörper mit dem Licht der Liebe. Jetzt ist er in vollkommener Verbindung zum kosmischen Bewußtsein des All-Einen, zum höchsten Throne des Vaters. Babylon stammt ursprünglich von Babilu und bedeutet Gottespforte. Es geht in diesen Bildern um die Schaffung einer neuen Ordnung auf der Erde, um ein neues Bewußtsein im Menschen. Eine Umwandlung wird durch die Öffnung zu den Strömen lebendigen Lichtes der drei geistigen Energiezentren vollzogen.

Wenn die Pforte jedoch geschlossen bleibt, ist der Mensch abgeschnitten vom Licht der Liebe. Sorgen und Ängste, die die Seele belasten, wiegen zentnerschwer.

O Gott, Vater alles Lebendigen, aller Kreaturen,
der Du das Licht der Weisheit bist und die Liebe
in unserm Herzen; der Du das Leben erhältst
in all seiner Vielfalt, der Du über die Elemente wachst,
der Du die Vollkommenheit allen Lebens bist.
Wir beten, daß wir den Sinn unseres Daseins
verstehen lernen. Wir rufen zu den Engeln des Friedens.
Wir bitten sie, uns ihre himmlische Ruhe zu bringen
und die stille Sanftheit, die nur ein
liebendes Herz zu schenken vermag.[20]

DIE GROSSEN ENDEREIGNISSE

Das Bild der Buhlerin

Da kam einer von den sieben Engeln mit den sieben Schalen und sprach zu mir: Komm her, ich will dir das Gericht über die große Buhlerin zeigen, die an vielen Wassern sitzt. Die Könige der Erde haben mit ihr gebuhlt, und die Bewohner der Erde haben sich an ihren Buhlereien berauscht. Dann entrückte er mich im Geiste in die Wüste. Dort sah ich ein Weib auf einem scharlachroten Tiere sitzen, das voll Lästernamen war, mit sieben Köpfen und zehn Hörnern. Das Weib war in Purpur und Scharlach gekleidet und mit Gold, Edelsteinen und Perlen reich geschmückt. In ihrer Hand hielt sie einen goldenen Becher, voll von Greuel und Unrat ihrer Buhlerei. Auf ihrer Stirne stand ein geheimnisvoller Name: Das große Babylon, die Mutter der Buhlerinnen und der Greuel der Erde. Ich sah das Weib trunken vom Blute der Heiligen und der Blutzeugen Jesu. Sehr großes Staunen überkam mich, als ich sie sah.

Johannes vermittelt in dramatischer Sprache den Untergang einer Lebensweise, die nur nach irdischen Gütern trachtet und deshalb abgeschnitten ist vom Lebensstrom des Lichtes und der Liebe. Die verhängnisvolle Liebschaft mit irdischen Werten wird als Buhlerin dargestellt, *und die Bewohner der Erde haben sich an ihren Buhlereien berauscht.*

— 141 —

Ähnliche Worte finden wir im Buch des Propheten Ezechiel. Ein eifersüchtiger, zorniger Gott spricht hier zu seinem Gottesvolk wie ein eifersüchtiger Bräutigam zu seiner Braut, die ihn, obwohl er sie liebevoll behütet und geschmückt hat, mit andern Liebhabern betrügt. Das Gottesvolk wird zur Buhlerin durch die geistigen Ehebrüche. (16, 1–62)

Die Buhlerin stellt sinnbildlich eine Lebensweise dar, die sich von der Weisheit des Schöpfers entfernt hat. Sie zeigt den weiblichen, schöpferischen Aspekt, der nicht mehr im Dienste der kosmischen Intelligenz steht, sondern ein Eigenleben führt. Die verhängnisvolle Abspaltung von der schöpferischen Weisheit ist im wahrsten Sinn ein Treuebruch. Frieden, Liebe und Freude verkümmern, wenn die Menschen keine geistige Werte mehr pflegen. Aller Reichtum dieser Welt ist nutzlos, wenn die Seele im Dunkeln verharrt und leidet.

In ihrer Hand hielt sie einen goldenen Becher, voll von Greuel und Unrat ihrer Buhlerei. Groß sind ihre Verlokkungen. Alle Völker werden von ihr verführt. Mit raffinierter Werbung werden unzählige Bedürfnisse im Menschen geweckt, geistige Wertvorstellungen hingegen dienen oft banalen Werbezwecken. Die Diener einer Gesinnung, die gegen die schöpferische Weisheit der Erdenmutter verstößt, werden zu schändlichen Zuhältern der Buhlerin. Gift und Chemikalien verderben die natürliche Lebensbasis. Respektlos werden Nahrungsmittel gentechnisch verändert, um mehr Rendite zu erwirtschaften. Verfälscht und verdorben ist die große Harmonie der Natur, die sich über Jahrmillionen eingespielt hat.

Echte spirituelle Bewegungen haben durch diese Gesinnung wenig Raum. Esoterik, d. h. den inneren Weg beschreiten, wird verächtlich angezweifelt. *Ich sah das Weib trunken vom Blute der Heiligen und der Blutzeugen Jesu.* Nur die Stille entfaltet die Verfeinerung der Wahrnehmungsfähigkeit der geistigen Welten.

Die Deutung des Bildes

Der Engel sprach zu mir: Was staunst Du? Ich will dir das Geheimnis des Weibes und des Tieres sagen, das sie trägt sowie die sieben Köpfe und die zehn Hörner. Das Tier, das du gesehen hast, das war und ist nicht mehr. Es wird aus dem Abgrunde heraufsteigen und ins Verderben gehen. Die Bewohner der Erde, deren Name von Anbeginn der Welt nicht im Buche des Lebens geschrieben steht, werden staunen, wenn sie das Tier sehen, das war und nicht ist und wieder dasein wird. Hier braucht es Verstand mit Weisheit gepaart.

Die sieben Köpfe sind sieben Berge, auf denen das Weib thront. Sie bedeuten auch sieben Könige. Fünf davon sind gefallen, einer ist jetzt da, der andere ist noch nicht gekommen. Das Tier, das war und nicht mehr ist, ist selbst der achte. Er gehört zu den sieben und geht ins Verderben. Die zehn Hörner, die du gesehen hast, sind zehn Könige, die die Herrschaft noch nicht empfangen, aber eine Stunde lang mit dem Tiere Macht wie Könige haben. Sie sind eines Sinnes und leihen dem Tiere ihre Macht und Gewalt. Sie werden mit dem Lamme Krieg führen. Aber das Lamm wird sie besiegen. Denn es ist der Herr der Herren, der König der Könige, und seine Verbündeten sind Berufene, Auserwählte und Getreue.

Dann sprach er zu mir: Die Wasser, die du gesehen hast, wo die Buhlerin thront, sind Völker, Scharen, Nationen und Sprachen. Die zehn Hörner, die du gesehen hast, und das Tier, werden die Buhlerin hassen, sie plündern und entblößen. Ja, sie werden ihr Fleisch verzehren und sie im Feuer verbrennen. Denn Gott hat ihnen ins Herz gegeben, seinen Ratschluß zu vollziehen, in einem Sinne zu handeln und ihre Herrschaft dem Tiere so lange zu leihen, bis die Worte Gottes vollendet sind. Das Weib, das du gesehen hast, ist die große Stadt, die die Herrschaft über die Könige der Erde hat.

Johannes braucht ähnliche Worte wie der Prophet Ezechiel, der Inhalt seines Textes paßt jedoch in die heutige Zeit. Wie bereits erwähnt, repräsentiert die Buhlerin eine Gesinnung, die sich vom göttlichen Lebensstrom entfernt hat. Die Aktivitäten der Menschen sind nicht in Harmonie mit der Weisheit der in allem innewohnenden göttlichen Intelligenz. Eine solche Trennung hat keinen Bestand. *Es wird vom Abgrunde heraufsteigen und ins Verderben gehen.*

Das Tier, auf dem die Buhlerin reitet – nämlich dieser Zeitgeist – wird von jenen Menschen bewundert, die keine Lebensweisheit besitzen, *deren Name von Anbeginn der Welt nicht im Buche des Lebens geschrieben steht, werden staunen.* Das Tier repräsentiert eine Macht außerhalb der kosmischen Ordnung der Sieben – eine illusorische Scheinwelt, *das war und nicht ist und wieder dasein wird.*

Hörner sind Symbole von geistiger Stärke und Macht. Moses, der Lehrer der Lebensgesetze, wurde früher mit zwei Hörnern auf der Stirn dargestellt. Die heute herrschende geistige Macht liegt in den Händen der Naturwissenschaft. Diese orientiert sich immer noch überwiegend an der beweisbaren physischen Ebene. Eine metaphysische, dahinterwirkende Geisteskraft wird noch zu wenig anerkannt. *Sie sind eines Sinnes und leihen dem Tiere ihre Macht und Gewalt.*

Wissenschaft dient der Menschheit nur, wenn intellektuelles Wissen gepaart ist mit Weisheit und Respekt vor der Schöpfung. Das Lamm stellt sinnbildlich das in allem innewohnende kosmische Licht einer Höheren Ordnung dar. *Sie werden mit dem Lamme Krieg führen.* – Respektlosigkeit und Überheblichkeit führt die Menschheit in große Bedrängnis. Aber diese Aera, die den Menschen in den Wahn versetzt, ohne Respekt vor der kosmischen Intelligenz, alles technisch Machbare ohne Ethik ausführen zu dürfen, ist nur von kurzer Dauer. Jeglicher Verstoß gegen die kosmische Ordnung ist ein Krieg gegen das Lamm, nämlich gegen die große Ordnung der Sohnschaft Gottes, des verströmenden Lichtes in die natürliche Schöpfung, und wirkt selbstzerstörerisch. *Die zehn Hörner, die du gesehen hast, und das Tier, werden die Buhlerin hassen, sie plündern und entblößen.* Die Buhlerin ist, wie bereits erwähnt, ein Symbol für eine zerstörerische Lebensart.

Aber das Lamm wird sie besiegen. Der Christus-Geist der kosmischen Intelligenz steht über allem und siegt immer. Geistig erwachte Menschen betrachten die schöpferischen Manifestationen als Lehrbuch des eigenen seelischen Inhaltes. Die Natur ist in großer Weisheit geordnetes, verdichtetes Licht der großen Weltenseele des kosmischen Christus.

Vollzug des Gerichtes über Babylon

Dann sah ich einen andern Engel aus dem Himmel herabkommen. Er hatte große Macht. Die Erde wurde von seinem Glanze erleuchtet. Er rief mit starker Stimme: Gefallen, gefallen ist das große Babylon. Es ist eine Wohnung der Dämonen, ein Schlupfwinkel aller unreinen Geister, ein Schlupfwinkel aller unreinen und verhaßten Vögel geworden. Denn alle Völker haben vom Glutweine ihrer Buhlerei getrunken. Die Könige der Erde haben mit ihr gebuhlt, und die Kaufleute der Erde sind vom gewaltigen Aufwand ihrer Üppigkeit reich geworden.

Ich hörte noch eine andere Stimme aus dem Himmel rufen: Zieht aus von ihr, mein, Volk, damit ihr nicht an ihren Sünden teilhabet und von ihren Plagen mitbetroffen werdet. Denn ihre Sünden türmten sich bis zum Himmel. Gott hat ihrer Freveltaten gedacht. Vergeltet ihr, wie auch sie (euch) vergolten hat, und zahlt ihr doppelt nach ihren Werken heim. Mit dem Becher, mit dem sie ausschenkte, schenkt ihr doppelt aus. Wie sie üppig lebte und prunkte, ebensoviel Qual und Kummer fügt ihr zu. Weil sie in ihrem Herzen denkt: Ich throne hier als Königin, bin keine Witwe und

— 145 —

kenne keine Trauer, darum sollen an einem Tage ihre Plagen kommen: Tod, Trauer und Hungersnot, und im Feuer soll sie verbrannt werden. Denn stark ist Gott der Herr, der sie gerichtet hat.

Dieser Textabschnitt schenkt uns einen tiefen Einblick in die geistige Welt, die beschlossen hat, weltweit das Denken der Menschen vollkommen zu erneuern. *Die Erde wurde von seinem Glanz erleuchtet.* Der Lichtglanz eines mächtigen Engels bringt Inspirationen und Erkenntnisse über die zerstörerischen Auswirkungen eines falschen Lebensstils. *Denn alle Völker haben vom Glutweine ihrer Buhlerei getrunken.* Falsche Wertvorstellungen und zerstörerische Aktivitäten, die die Menschen vom göttlichen Liebeslicht und von der strömenden Lebenskraft trennen, sind zum Untergang verurteilt. Es wird offenkundig, wie sehr die natürliche Lebensbasis der Menschen verdorben worden ist. Körperliche und seelische Leiden zwingen die Menschen zum Umdenken.

Es ist die Macht eines Engels, die in der ganzen Menschheit ein neues Denken oder ein neues Bewußtsein auslöst. *Zieht aus von ihr, mein Volk, damit ihr nicht an ihren Sünden teilhabet.* Erkenntnisse über die Sinnlosigkeit falscher Wertvorstellungen fördern eine starke Ablehnung gegen die offensichtlich gewordenen Verführungskünste. Das neue spirituelle Erwachen bewirkt eine Wende. Die Entwicklung des inneren Lichtes hat zur Folge, daß die Bedürfnisse nach äußeren Werten abnehmen. *Wie sie üppig lebte und prunkte, ebenso viel Qual und Kummer fügt ihr zu.* Spirituelle Erfahrungen und Werte lösen die alten Denkmuster ab, und am Ende zählt nur noch der von Licht und Liebe durchströmte Seelenkörper.

Tod, Trauer und Hungersnot, und im Feuer soll sie verbrannt werden. Dieser Satz kann sich sowohl auf die physische wie auf die geistige Ebene beziehen. Auf der physischen Ebene kann es eine gewaltige Natur- oder Feuerkata-

— 146 —

strophe sein, und auf der geistigen Ebene bedeutet es das Ende einer falschen Gesinnung.

Es liegt mir fern, dieses Gericht auf irgendeine Stadt auf dieser Erde zu projizieren, obwohl in den meisten früheren Interpretationen häufig an die Stadt Rom gedacht wurde. Die große, heilsame Wende der zerstörerischen Entwicklung betrifft die ganze Menschheit und vor allem jeden einzelnen. Die Öffnung zum inneren Licht bewirkt eine Abkehr vom alten, verirrten Lebensstil und entlarvt das Falsche und Schädliche.

Die großen Klagen

Die Könige der Erde, die mit ihr gebuhlt und geschwelgt haben, werden weinen und wehklagen um sie, wenn sie den Rauch von ihrem Brande sehen. Aus Furcht vor ihrer Qual werden sie von ferne stehen und rufen: Wehe, wehe, du große Stadt Babylon, du starke Stadt! In einer Stunde ist nun das Gericht über dich gekommen. Auch die Kaufleute der Erde weinen und trauern um sie. Niemand kauft noch ihre Waren: Waren von Gold und Silber, Edelstein und Perlen, Linnen und Purpur, Seide und Scharlach, all das duftende Thujaholz, Erz, Eisen und Marmor, auch Zimmet und Balsam, Räucherwerk, Myrrhe und Weihrauch, Wein, Öl, Feinmehl und Weizen, Rinder und Schafe, Pferde und Wagen, Sklaven und Leibeigene. Die Früchte, woran du deine Herzenslust hattest, sind dir genommen. Alle Pracht und aller Glanz ist dir verlorengegangen und wird nicht mehr zu finden sein. Die Kaufleute, die damit handelten und sich an ihr bereicherten, werden aus Furcht vor ihrer Qual von ferne stehen, weinen, trauern und rufen: Wehe, wehe, du große Stadt, die sich in Linnen, Purpur und Scharlach kleidete und die mit Gold, Edelsteinen und Perlen reich geschmückt war: in einer Stunde ist so großer Reichtum verwüstet worden!

Alle Steuerleute, alle Küstenfahrer und Schiffer sowie alle, die sonst noch auf dem Meere beschäftigt sind, blieben von ferne stehen. Und als sie den Rauch von ihrem Brande sahen, riefen sie: Wer gleicht der großen Stadt? Sie streuten Staub auf's Haupt und riefen unter Weinen und Wehklagen: Wehe, wehe, du große Stadt, in der alle, die Schiffe auf dem Meere hatten, an ihrem Wohlstande reich geworden sind: in einer Stunde wurde sie verwüstet!

Frohlockt über sie, Himmel, ihr Heiligen, ihr Apostel und Propheten. Gott hat für euch das Strafgericht an ihr vollzogen.

Johannes vermittelt hier ein Bild, das einen dramatischen seelischen Entwicklungsprozeß darstellt, in dem irdische Werte zusehends an Wichtigkeit verlieren. Anhaftungen an die vergängliche Welt sind auf dem inneren Weg ein Hindernis. Erst durch das Loslassen wächst die Erkenntnis, daß alles einer wunderbaren Fügung obliegt, die uns leitet und alles schenkt, was wir brauchen.

Diese Vision kann aber durchaus eine plötzliche, katastrophale Vernichtung einer ganzen Gesellschaftsordnung aufzeigen. Es kann aber beides sein, denn innere Seelenzustände spiegeln sich immer in der äußeren Welt. Die große Stadt Babylon ist Sinnbild für eine falsche Gesinnung, durch die sich die Menschen von der göttlichen Weisheit entfernen. Es kann damit die ganze aufgeblähte Marktwirtschaft gemeint sein. Die Konjunktur geht zurück, niemand kennt eigentlich den Grund, warum Betriebe schließen müssen, warum weltweit eine Rezession herrscht und plötzlich das Geld an allen Ecken und Enden fehlt. *Alle Pracht und aller Glanz ist dir verlorengegangen und wird nicht mehr zu finden sein.*

Gewaltige Naturkatastrophen begleiten eine untergehende Kultur, die sich in selbstzerstörerischer Weise von der göttlichen Ordnung entfernt hat.

Jedermann spürt heute, daß die ganze Menschheit mitten in einer gewaltigen Veränderung steht. Das Zeitalter der Fische wird abgelöst von der Aera des Wassermanns, das ein erweitertes kosmisches Bewußtsein mit einer viel feineren Wahrnehmungsfähigkeit für Energien und Kräfte bringen wird. Immer wieder wird betont, daß Menschen, die in Verbindung mit dem inneren Licht leben, nichts zu befürchten haben, denn sie begrüßen die weisen Korrekturen der Höheren Intelligenz. Weil sie durch die Öffnung der geistigen Zentren mit dem göttlichen Licht verbunden sind, leiden sie nicht an materiellen Verlusten. *Frohlockt über sie, Himmel, ihr Heiligen, ihr Apostel und Propheten.*

Sinnbild des Gerichtes

Da hob ein starker Engel einen Stein auf, der so groß wie ein Mühlstein war, und schleuderte ihn ins Meer mit den Worten: Mit solch gewaltigem Schwunge soll Babylon, die große Stadt, hingeschleudert und nicht mehr gefunden werden. Nie soll mehr in dir der Klang von Harfenspielern und Sängern, von Flötenspielern und Posaunenbläsern gehört werden. Keinen Künstler in irgendeiner Kunst soll man in dir finden und kein Geräusch einer Mühle in dir hören. Kein Lampenlicht soll mehr in dir scheinen. Keine Stimme von Braut und Bräutigam sich in dir vernehmen lassen. Deine Kaufleute waren die Großen der Erde. Alle Völker wurden durch deine Zauberkünste verführt. Das Blut der Propheten und Heiligen sowie aller Ermordeten auf Erden wurde in ihr gefunden.

Der *Stein*, der von einem Engel ins Meer geworfen wird, ist ein Symbol für konzentrierte Kraft einer unveränderlichen, göttlichen Allmacht. Das Meer kann Sinnbild für unerschöpfliche Lebenskraft sein und ist in dieser Eigenschaft reinigend und erneuernd. Es kann aber auch Sinnbild eines alles verschlingenden Abgrundes sein. *Mit solch gewalti-*

gem Schwunge soll Babylon, die große Stadt hingeschleudert werden. Vernichtung oder Erneuerung stehen zur Wahl. Dieses Bild kann bedeuten, daß das Diesseits keine Bedeutung hat und eines Tages der Moment kommt, wo alles losgelassen werden muß. Alle irdischen Verblendungen und Täuschungen – aber auch Annehmlichkeiten – sind vergänglich. *Alle Völker wurden durch deine Zauberkünste verführt.* Die Entfernung von geistigen Werten löscht das Gute und Edle im Menschen.

Wenn die Vision die physische Ebene betrifft, müssen wir eine plötzliche, unvorstellbare Zerstörung einer wichtigen Handelsstadt oder sogar der ganzen Erde in Betracht ziehen.

Es bleibt aber die Hoffnung, daß Johannes Seelenbilder vermittelt, die den spirituellen Entwicklungsweg aufzeigen. Die Erde ist ein Planet, auf dem die Seelen der Menschen geläutert werden. Das Blut bedeutet physische Lebenskraft. Der nächste Satz weist auf die Inkarnation der Seele in einen irdischen Körper hin: *Das Blut der Propheten und Heiligen sowie aller Ermordeten auf Erden wurden in ihr gefunden.*

Siegesfeier im Himmel

Dann hörte ich, wie eine große Schar mit lautem Jubel sang: Alleluja! Das Heil, die Herrlichkeit und die Macht gehören unserem Gott. Wahr und gerecht sind seine Gerichte. Er hat die große Buhlerin gerichtet, die die Erde mit ihrer Buhlerei verdarb. Er hat das Blut seiner Knechte als Rächer von ihrer Hand gefordert. Sie sangen weiter: Alleluja! Ja, ihr Rauch steigt empor in alle Ewigkeit. Die 24 Ältesten und die vier Wesen fielen nieder und beteten Gott an, der auf dem Throne sitzt, und riefen: Amen, alleluja! Eine Stimme ging vom Throne aus und rief: Lobt unsern Gott, ihr all seine Knechte, und die ihr ihn fürchtet, groß und klein.

Dann hörte ich, wie eine große Schar gleich dem Rauschen vieler Wasser und dem Rollen starker Donner mit Jubel sang: Alleluja! Der Herr, unser Gott, der Allmächtige, hat die Herrschaft angetreten. Laßt uns froh sein und jubeln und ihm die Ehre geben; denn die Hochzeit des Lammes ist gekommen, seine Braut hält sich bereit. Sie durfte sich in strahlendes, reines Linnen kleiden. Das Linnen bedeutet die guten Taten der Heiligen.

Dann sprach er zu mir: Schreibe: Selig, die zum Hochzeitsmahle des Lammes geladen sind. Er fügte hinzu: Dies sind wahrhaftige Worte Gottes. Da fiel ich ihm zu Füßen, um ihn anzubeten. Aber er sagte zu mir: Nicht so! Ich bin nur dein und deiner Brüder Mitknecht, die das Zeugnis Jesu haben. Gott bete an! Das Zeugnis Jesu ist der Geist der Weissagung.

Diese Vision offenbart das Ziel der Seele, wenn sie sich in der Einheit des göttlichen Lichtes wiederfindet. Dieses kosmische Erwachen schenkt dem Menschen die Gnade der Gottesschau, in der er das göttliche Licht ohne Trübung unverhüllt erleben darf. Die *Siegesfeier im Himmel* ist gleichzusetzen mit der Erleuchtung. Die Seele hat ihr Ziel erreicht und ist in innigster Verbindung mit den geistigen Sphären des himmlischen Lichtes. Das Licht der Liebe hat über alles gesiegt. Die sieben Chakras sind geöffnet wie leuchtende Lotosblüten, und der innewohnende Gottesfunken kann sich mit dem höchsten Licht vermählen. *Das Heil, die Herrlichkeit und die Macht gehören unserem Gott.*

Die erleuchtete Seele ist zur geistigen Sphäre geöffnet, für sie findet die Siegesfeier statt. Jetzt zählt nur die innige Verschmelzung mit der geistigen Welt. Der göttliche Seinsgrund hilft dem Menschen, die äußeren Lebensbedingungen leicht und mühelos zu gestalten. Nach vielen schmerzlichen Überwindungen kommt das göttliche Licht mit aller Pracht und Liebe zum Vorschein. Alles Materielle verblaßt ob dieser gewaltigen göttlichen Zuwendung. Die Leiden der Selbstsucht sind überwunden, und das Liebesprinzip hält Einkehr. Der Himmel öffnet sich im Menschen. *Der Herr, unser Gott, der Allmächtige, hat die Herrschaft angetreten.*

Wir stehen heute mitten in einer Transformation der Schwingungsfrequenz. Sie bewirkt eine allmähliche Veränderung und Verfeinerung in allem. Unzählige Menschen finden durch Stille und Meditation zum göttlichen Seinsgrund. Die natürliche Schöpfung und die neu erwachte Spiritualität verbinden sich zu einer sinnvollen Lebensgestaltung. Ökologie und Spiritualität garantieren einen respektvollen Umgang mit dem Leben.

Im Gesundheitswesen öffnen feinstoffliche Energietherapien neue, feinere Wege, die den Menschen wieder in Harmonie mit der strömenden kosmischen Lebensenergie bringen. Das neue Bewußtsein öffnet zur Kraft der Liebe und Weisheit. Sie ist diejenige Energie, die am weißen Brautkleid der Seele für die Hochzeit mit dem göttlichen Licht webt. *Sie durfte sich in strahlendes, reines Linnen kleiden.*

Die Grenzen von Himmel und Erde werden geöffnet, d. h., daß die oberen Chakras der Menschen geöffnet sind. Wir erleben heute immer deutlicher die Zunahme medialer Fähigkeiten. Unzählige Menschen haben Transformationserlebnisse, wie sie in früheren Zeiten nur große Mystiker hatten. Das Dritte Auge öffnet sich, und das Licht der feinstofflichen Ebene zeigt sich immer deutlicher. Der Zugang zum Himmel, d. h. zu den feineren Schwingungsebenen, wird in kommenden Zeiten immer leichter fallen, weil die Schwingung auf der ganzen Erde viel zarter sein wird. Aber diese Veränderung oder Reinigung wird kompromißlos erfolgen, weil die Überlebenschance davon abhängt, ob der Seelenkörper des Menschen genügend Lichtenergie aufgenommen hat oder nicht. Der kosmische Christus feiert seine Wiederkunft im Innern jedes einzelnen. *Selig, die zum*

Hochzeitsmahle des Lammes geladen sind. Die Seele oder der Lichtkörper des Menschen zeigt sich symbolisch als weißes Kleid. Die Reinheit des Lichtkörpers hängt davon ab, wie das Gesetz der Liebe verwirklicht wurde.

Das nachfolgende Hochzeitslied aus dem Thomas-Evangelium zeigt auf wunderbare Weise die wahre mystische Hochzeit der himmlischen Braut und des himmlischen Bräutigams.

Sophia-Hymne

Das Hochzeitslied

Das Mädchen, es ist die Tochter des Lichts,
Der Glanz der Könige ruht auf ihr.
Wen sie anschaut, der wird belebt und beseligt.
Ihre Schönheit ist wie Sonnenglanz.

Die Kleider sind den Frühlingsblumen gleich,
wie lieblich ist der Duft, der ihnen entströmt.
Zu Füßen des Königs darf sie sitzen
und er nährt sie mit göttlicher Speise.

Die Wahrheit ruht wie eine Krone auf ihr,
die Spur ihrer Füße ist Freude.
Wenn ihr zierlicher Mund sich öffnet,
tönen Lobgesänge hervor.

Es preisen sie die Zweiunddreißig,
Ihre Zunge, gleicht sie nicht einem Türvorhang?

Nur für den Eintretenden öffnet er sich,
Ihren Nacken seh ich wie eine hohe Treppe,
der Baumeister des Kosmos hat ihn geschaffen.

Mit den Händen weist sie verheißend
auf die Folge der Glückszeitalter,
ihre Finger öffnen die Tore der Stadt.
In Licht getaucht ist ihre Brautkammer,
alle duftenden Kräuter und Wohlgerüche finden sich
darin, die süßen und die herben Würzkräuter,
Myrtenzweige finden sich und vielerlei duftende Blüten,
geziert ist der Eingang mit Schilf.

Von sieben Brautführer ist sie umgeben,
sie selbst hat sie erwählt.
Und sieben Brautführerinnen umringen sie,
vor ihr tanzen sie ihren Reigen.
Zwölf sind es, die vor ihr dienen,
vor ihr verneigen sie sich.
Ihren Blick richten sie auf den Bräutigam,
damit er sie erleuchte mit seinem Anblick,
immerdar sollen sie bei ihm sein zur ewigen Freude,
ohne Ende wird die Hochzeit sein,
zu der sich die Erwählten versammelt haben.
Beim Mahle werden weilen alle,
die dazu gerufen wurden.

Bekleidet werden sie mit königlichen Gewändern,
umhüllt von glänzendem Tuch.
Das Brautpaar ist von Freude und Jauchzen erfüllt
und sie preisen den Vater des Alls.

Sein strahlendes Licht haben sie empfangen,
seine göttliche Speise genossen,
auf ewig bleibt sie ihnen wirksam.
Von seinem Wein haben sie getrunken,

von ihm, der keinen Durst und kein Begehren kennt. Mit dem lebendigen Geist loben sie und preisen den Vater der Wahrheit und die Mutter der Weisheit.[21]

Vollzug des Gerichtes über den Antichrist

Ich sah den Himmel offen, und siehe, da war ein weißes Roß. Der Treue und Wahrhafte. Er richtet und streitet in Gerechtigkeit. Seine Augen leuchten wie Feuerflammen. Auf seinem Haupte trägt er viele Kronen und einen Namen darauf geschrieben, den niemand kennt als er selbst. Er ist mit einem blutgetränkten Mantel bekleidet. Sein Name heißt: Das Wort Gottes. Die himmlischen Heerscharen, in Linnen gekleidet, folgten ihm auf weißen Rossen. Aus seinem Munde geht ein scharfes Schwert hervor, um damit die Völker zu schlagen. Er selbst wird sie mit ehernem Stabe weiden und die Kelter des Glutweines des Zornes des allmächtigen Gottes treten. Auf seinem Mantel steht in Hüfthöhe der Name geschrieben: König der Könige und Herr der Herren.

Dann sah ich einen Engel in der Sonne stehen. Er rief mit lauter Stimme allen Vögeln zu, die im Himmelsraume fliegen: Kommt her und versammelt euch zum großen Gastmahle. Ihr sollt Fleisch von Königen verzehren, Fleisch von Kriegsobersten und Starken, Fleisch von Rossen und ihren Reitern, Fleisch von allen Freien und Sklaven, von klein und groß.

Ich sah das Tier und die Könige der Erde mit ihren Kriegsheeren versammelt, um mit dem Reiter auf dem Rosse und seiner Heerschar Krieg zu führen. Das Tier wurde überwältigt und mit ihm der falsche Prophet, der vor ihm die Zeichen tat und dadurch die verführte, die das Malzeichen des Tieres annahmen und sein Bild anbeteten. Beide wurden lebendig in den Feuerpfuhl geworfen, der in Schwefel glüht.

Die übrigen wurden durch das Schwert getötet, das aus dem Munde des Reiters auf dem Rosse hervorging. Alle Vögel sättigten sich an ihrem Fleische.

Wie in der ersten Vision enthüllt sich hier der kosmische Christus. Er reitet auf einem weißen Roß. Bei der Öffnung der ersten vier Siegel begegneten uns vier verschiedenfarbige Rosse, Sinnbilder des Zeitenlaufes. Sie zeigen vier Schwingungsebenen, vier Himmelsrichtungen, vier Jahreszeiten, vier Elemente und noch viele andere analoge Ebenen, die im Gesetz der Vierheit wurzeln. In vielen alten Kulturen galten Pferde als lebenspendende Mächte. Das weiße Roß ist ein sonnenhaftes Tier und ein Himmelstier, ein Reittier der Götter und Sinnbild der kosmischen Gesetze des Lichtes. *Der Treue und Wahrhafte.* Es stellt sinnbildlich das unsterbliche Schöpferlicht dar und die über alles waltende Ordnung.

Der *blutgetränkte Mantel* ist Sinnbild für Lebensenergie und Kraftdurchströmung in die irdische Welt. Das Wort Gottes oder das heilige OM ist der kosmische Ton, die Lichtverströmung aus der Quelle des höchsten Thrones. *Sein Name heißt: Das Wort Gottes.* Das Himmelslicht ist eine großartige, gerechte Ordnung, die Himmel und Erde umfaßt. *Die himmlischen Heerscharen, in Linnen gekleidet, folgten ihm auf weißen Pferden.* Das Schwert im Munde zeigt die zwei polaren Grundkräfte des Schöpferlichtes und eine ausgleichende Gerechtigkeit. *Um Völker damit zu schlagen* bedeutet, daß das Höhere Gesetz die Menschen durch Leid und Schmerz läutert und zum göttlichen Lichtstrahl zurückbringen möchte. Was zählt in der geistigen Sphäre ist das Seelenlicht. Alles Vergängliche oder alles vom Licht der Liebe Getrennte hat keinen Bestand.

Auf seinem Mantel steht in Hüfthöhe der Name geschrieben: König der Könige und Herr der Herren. Hier begegnen wir der unsterblichen Zeugungskraft des Lichtes. Aus diesem Licht entsteht alles Leben. Rang und Prestige dieser Welt zählen aus der Sicht der himmlischen Gerechtigkeit nicht, sondern nur das innere Licht. Liebe und Güte entfalten das Licht – Liebe zu sich selbst, zum Mitmenschen und zur Natur. Eine Menschheit ohne Liebe schwächt die Lebenskraft, weil diese Energie reinste Liebe ist.

Die Vögel im Himmelsraume – Boten des Himmelslichtes – haben den Auftrag das Irdische zu verzehren: *Kommt her und versammelt euch zum großen Gastmahle.* Was gegen diese göttliche Ordnung verstößt, schafft Chaos und Zerstörung und wird Antichrist genannt. Alle Aktivitäten, die gegen die natürlichen und geistigen Gesetze der Schöpfung verstoßen, bedeuten Kriegsführung gegen das kosmische Christus-Licht. Hier wird nochmals auf die verhängnisvolle Partnerschaft von Tier und seinem Malzeichen und das angebetete Bild verwiesen. *Beide wurden lebendig in den Feuerpfuhl geworfen.* Dunkel sind allen Gedanken und Aktivitäten gegen die kraftspendende Licht- und Lebensenergie. Was künftig wieder wichtig sein wird, ist echte Kommunikation, in der ein lebendiger Energieaustausch zwischen den Menschen stattfindet.

Für unsere Zeit bedeutet dieses Bild ein neu erwachendes Christus-Bewußtsein mit der Erkenntnis, daß die ganze Schöpfung eine lichtdurchflutete Geisteswelt ist. Wir leben mitten in einer Zeit großer Transformationen. Dunkle und helle Kräfte strömen ins Bewußtsein der Menschen. Die äußere Sinneswelt wird zusehends als eine von Geisteskraft durchdrungene Ebene erkannt. Das neue Christus-Bewußtsein öffnet den Weg zu den geistigen Helfern, zu liebevollen Lichtwesen. Das Irdische ist vergänglich, was ewig bleibt, ist eine lichterfüllte Seele.

Der Drache im Abgrund

Ich sah einen Engel vom Himmel herabkommen. Er hatte den Schlüssel des Abgrundes und eine große Kette in seiner Hand. Er packte den Drachen, die alte Schlange, die der Teufel und der Satan ist, und fesselte ihn auf 1000 Jahre. Dann warf er ihn in den Abgrund, schloß zu und legte ein Siegel darauf, damit er nicht mehr die Völker verführe, bis die 1000 Jahre zu Ende wären. Danach muß er für kurze Zeit freigelassen werden.

Der Drache oder die alte Schlange ist diejenige Kraft, die dem lichtvollen Prinzip der Liebe gegenübersteht. Der *Schlüssel* in der Hand des Engels ist Sinnbild für eine Vollmacht über die Urtiefen des Unvorstellbaren. Mit einer *Kette* fesselt er den Verschleierer des Lichtes für eine lange Zeit. Der Drache kann auch allgemein Sinnbild für eine irdische Welt sein, die sich von der kosmischen Intelligenz und Weisheit getrennt hat.

In vielen alten Kulturen herrschte die Vorstellung von einem glückseligen tausendjährigen Reich Gottes. Die Zahl 1000 gehört der göttlichen Liebe und Allmacht: »Eines aber, Geliebte, wollet nicht übersehen: Beim Herrn sind ein Tag wie tausend Jahre, und tausend Jahre wie ein Tag« (2. Petrusbrief 3, 8).

Diese Vision kann auch ein Seelenbild sein. Tausend Blätter weist das Kronenchakra auf, die Pforte zum göttlichen Licht der Liebe und der höchsten Glückseligkeit. Wenn sich dieses Energiezentrum öffnet, ist der Mensch am Ziel seines seelischen Mysterienweges angekommen. Das Irdische ist überwunden und nichts trennt ihn vom höchsten Thron. Verführerische Anhaftungen können ihn nicht mehr in die Irre führen. Das Licht der Liebe wird siegen für eine lange Zeitepoche. Destruktive Gedanken und Ideen haben jetzt keinen Raum mehr.

Tausendjähriges Reich

Ich sah Thronsessel, auf die sich Richter setzten. Ihnen wurde das Gericht übertragen. Und ich sah die Seelen der Enthaupteten um des Zeugnisses Jesu und um des Wortes Gottes willen, die das Tier und sein Bild nicht angebetet und sein Malzeichen auf Stirn und Hand nicht angenommen hatte. Sie lebten und herrschten mit Christus 1000 Jahre. Die übrigen Toten lebten vor Ablauf der 1000 Jahre nicht wieder auf. Das ist die erste Auferstehung. Selig und heilig, wer an der ersten Auferstehung teilhat. Über sie hat der zweite Tod keine Gewalt. Sie werden Priester Gottes und Christi sein und mit ihm 1000 Jahre herrschen.

Johannes sah die göttliche Weisheit und Gerechtigkeit als *Thronsessel* und *Richter*. Die Seelen der Menschen, die den irdischen Verlockungen entsagt haben, werden belohnt. *Sie lebten und herrschten mit Christus 1000 Jahre.*

Die sieben geistigen Lichter oder Chakras des Menschen spiegeln sieben verschiedene Schwingungsebenen. Die drei Kopfchakras öffnen die Seele zum göttlichen Licht. Die *Enthauptung* kann sich durchaus auf die Entfaltung dieser drei Kopfzentren beziehen. Die vom göttlichen Licht durchströmten drei geistigen Lichter oder Chakras – insbesondere das tausendblättrige Kronenchakra – ermöglichen die Erkenntnis, daß alles Sichtbare des irdischen Lebens Ausdruck einer unvorstellbaren Geisteskraft ist. Die göttlichen Gesetze richten sich nach den Taten und Gedanken der Menschen. Gedanken sind kreative Energien, es sind die Bausteine der Zukunft.

Wenn die geistige Kreativität in eine Scheinwelt fließt, die die Menschen untereinander trennt und verhindert, daß Energien von Liebe und Zuwendung ausgetauscht werden, verschließt sich der kosmische Strom des Lichtes. Abgeschnitten vom Lebensstrom sind diese Seelen wie Tote. *Die*

– 159 –

übrigen Toten lebten vor Ablauf der 1000 Jahre nicht wieder auf.

Auf dem Weg zum inneren Licht hat nur die Energie der Liebe Bestand, denn diese Energie ist reines Licht und ist im Einklang mit dem göttlichen Gesetz des Verströmens. Nur sie ist von jener Beschaffenheit, die nicht getrennt ist von der All-Liebe oder vom höchsten Thron. Da dann eine innige Beziehung zur geistigen Welt zu Lebzeiten bereits besteht und das Christus-Licht das Körperliche erfüllt, bedeutet dies *die erste Auferstehung.* Der Tod des Körpers hat *keine Gewalt,* er wird als willkommener Übergang in die wahre Heimat empfunden, der eine Auflösung jeglicher Trennung vom reinen Licht bedeutet. Diese Seelen leben in höchster Wonne und Glückseligkeit.

Vernichtung der Satansmacht

Wenn die 1000 Jahre zu Ende sind, wird der Satan aus seinem Kerker losgelassen. Er wird ausziehen, um die Völker an den vier Enden der Erde, Gog und Magog, zu verführen und sie zum Kampfe zu sammeln. Ihre Zahl ist wie der Sand am Meere. Sie zogen über die Ebene der Erde hin und umzingelten das Heerlager der Heiligen und die geliebte Stadt. Da kam Feuer vom Himmel herab und verzehrte sie. Der Teufel, der sie verführte, wurde in den Feuer- und Schwefelpfuhl geworfen, wo auch das Tier und der falsche Prophet sind. Dort werden sie Tag und Nacht in alle Ewigkeit gepeinigt.

Bereits in der griechischen Antike herrschte die Vorstellung, daß der Mensch nach 1000 Jahren wieder zu einem irdischen Dasein zurückkehren muß. Die Zahl 1000 ist meistens ein Sinnbild für Vollkommenheit und Glückseligkeit der himmlischen Freuden. Hier bedeutet sie das Einssein mit dem Christus-Licht der Liebe. Das lichtvolle Prinzip hat – wie alles in der Schöpfung – eine Gegenseite. Die Schattenseite trennt die Seele vom Licht der Liebe. Diese destruktive Kraft wirkt auf allen Ebenen.

Gog und Magog ist ein Ausdruck für die dunklen Mächte der Endzeit. *Ihre Zahl ist wie der Sand am Meere.* Sie entfernen die Menschen von der geistigen Dimension des Lichtes. Sie werden aber durch himmlisches Licht besiegt, denn das Licht ist stärker als die Dunkelheit. Himmlisches Feuer bedeutet geistige Reinigung und Erneuerung. *Da kam Feuer vom Himmel herab und verzehrte sie.* Destruktive Kräfte, die gegen das Gesetz der Liebe gerichtet sind, bilden eine dichte, dunkle Sphäre. Hier herrscht *das Tier und der falsche Prophet*. Sie verkörpern die Entfernung vom geistigen Licht der Liebe und somit von der strömenden Lebenskraft. Das Abgesondertsein vom Licht ist verbunden mit viel Leid und Not.

Auferstehung und Endgericht

Dann sah ich einen großen, weißen Thron und den, der darauf saß. Vor seinem Angesichte flohen Himmel und Erde. Man fand keine Stätte mehr für sie. Ich sah die Toten, groß und klein, vor dem Throne Gottes stehen. Bücher wurden aufgeschlagen. Noch ein anderes Buch wurde aufgeschlagen, nämlich das Buch des Lebens. Die Toten wurden, wie es in den Büchern geschrieben stand, nach ihren Werken gerichtet. Das Meer gab die Toten zurück, die darin waren. Auch der Tod und die Unterwelt gaben ihre Toten heraus. Sie wurden alle nach ihren Werken gerichtet. Der Tod und die Unterwelt wurden in den Feuerpfuhl geworfen. Das ist der zweite Tod: der Feuerpfuhl. Wer sich nicht im Buche des Lebens eingeschrieben fand, wurde in den Feuerpfuhl geworfen.

– 161 –

Hier wurde Johannes das reine Licht des Höchsten als großer, weißer Thron gezeigt. Reinste Liebe strömt aus dieser Lichtquelle. Angesichts dieser Lichtsphäre hat die materielle Verdichtung keinen Bestand. Auch dem meditierenden Menschen kann sie, wenn die Schwingung stark erhöht wird, ganz entschwinden. Das geistige Auge sieht dann nur noch Licht, und das physische Auge ist nicht mehr sehend. *Vor seinem Angesichte flohen Himmel und Erde.* Erst in diesem Zustand des Eins-Seins mit dem Göttlichen wird der Seele bewußt, daß Materie eine Scheinwelt des eigenen Bewußtseins ist, eine große Täuschung, die den Menschen in dieser Inkarnation gefangenhält. Doch ist das Sichtbare wie ein Buch des Lebens zur Erkenntnis ausgebreitet, denn die wunderbare Natur spiegelt die göttlichen Gesetze, und jede Begegnung ist eine Lernerfahrung. *Bücher wurden aufgeschlagen.* Jeder Gedanke erzeugt ein kreatives Kraftfeld – die Werke – und untersteht dem Gesetz des Karmas. Keinen Bestand vor diesem Gesetz haben die Verhaftungen und das Besitzstreben mit allen daraus resultierenden Sorgen und Ängsten.

Das kristalline Urmeer des strömenden Schöpferlichtes ist die Ebene des Christus, der Sohnschaft Gottes. Das Buch des Lebens ist die kosmische Weisheit und Intelligenz der großen Weltenseele. In diesem Meer des kosmischen Bewußtseins sind die vom irdischen Leben geläuterten Seelen vereint. *Das Meer gab die Toten zurück, die darin waren.* Nur Liebendes entspricht der göttlichen Weisheit. Kein Gedanke, keine Tat geht verloren, sie sind im kosmischen Bewußtsein gespeichert. Jeder Gedanke ist Karma, nur lichtvolle Gedanken haben Bestand vor dem reinsten Licht. Der Tod und die Unterwelt wurden in den Feuerpfuhl geworfen. Die Dunkelheit findet keinen Platz in der göttlichen Lichtsphäre. *Der Feuerpfuhl* bedeutet Reinigung und Erneuerung. Glückseligkeit wartet auf jene Seelen, die im irdischen Leben Karma von guten Werken und von Liebe erworben haben.

Die himmlische Vollendung

Neuordnung der Schöpfung

Dann sah ich einen neuen Himmel und eine neue Erde. Der erste Himmel und die erste Erde sind vergangen, auch das Meer ist nicht mehr. Und ich (Johannes) sah die Heilige Stadt, das neue Jerusalem, aus dem Himmel von Gott herniedersteigen. Die war ausgestattet wie eine für ihren Mann geschmückte Braut. Ich hörte eine laute Stimme vom Throne her sprechen: Siehe, das Zelt Gottes unter den Menschen, und er wird unter ihnen zelten. Sie werden seine Völker sein, und Gott selbst wird mit ihnen sein. Alle Tränen wird er von ihren Augen abwischen. Der Tod wird nicht mehr sein, kein Leid, kein Kummer und kein Schmerz. Denn das Erste ist vergangen.

Der auf dem Throne saß, sprach: Siehe, ich mache alles neu. Dann fuhr er fort: Schreibe, denn diese Worte sind zuverlässig und wahrhaft. Er sprach ferner zu mir: Es ist geschehen. Ich bin das Alpha und das Omega, der Anfang und das Ende. Ich will den Durstigen umsonst aus dem Quell des Lebenswassers geben. Wer siegt, wird dies erben. Ich will ihm Gott sein, und er soll mein Sohn sein. Den Feiglingen aber, den Ungläubigen, Greuelhaften, Mördern, Unzüchtigen, Zauberern, Götzendienern und allen Lügnern wird ihr Teil im brennenden Feuer- und Schwefelpfuhl. Das ist der zweite Tod.

Auf dramatische Weise wird hier Johannes eine wunderbare, neue himmlische Ordnung gezeigt. Ein neues Zeitalter bricht an und bringt ungeahnte Erneuerungen und Erweiterungen des menschlichen Bewußtseins. *Und ich sah die Heilige Stadt, das neue Jerusalem, aus dem Himmel von Gott herniedersteigen.* Sie zeigt eine unmittelbare Verbindung zwischen Gott und Mensch. Das neue Jerusalem zeigt sinnbildlich ein lichtdurchströmtes Bewußtsein. Es bedeutet für die ganze Menschheit eine uneingeschränkte Öffnung zum göttlichen Licht. Die erwachte Seele kennt keine Trennung zwischen Geist und Materie. Sie atmet die Weisheit der großen Weltenseele und ist mit allen Menschen und Wesen verbunden. Sie spürt auch, daß ihr alles Irdische zu Füßen liegt, daß Materie wie ein offenes Buch das Innere spiegelt. Freude und Glückseligkeit erfüllen das ganze Dasein. *Alle Tränen wird er von ihren Augen abwischen.* Alles ordnet sich neu. Dies ist der innerseelische Prozeß der neuen Zeit. Viele Menschen werden echte mystische Erfahrungen haben. *Ich will ihm Gott sein, und er soll mein Sohn sein.*

In diesem Durchbruch zu unserem wahren Sein überschreiten wir alle Begrenzungen eines menschlichen Daseins, und wir erleben unseren Aufstieg über die dunklen Nebel der Erscheinungen in das »Klare Licht« der Wirklichkeit. Der »Große Tod«, wie es im Zen heißt, offenbart sich als die »Große Auferstehung«, so daß der unbekannte Mystiker ausruft: Und plötzlich ist es da, das Licht, wie der Morgenstern leuchtet es auf im Zentrum des Herzens und hebt mich empor, über mich selbst hinaus. Ich zerfließe in den unendlichen Ozean des Göttlichen Lichtes. Es ist ein strahlend weißes Licht, heller als tausend Sonnen, von überirdischer Schönheit. Es durchflutet mein ganzes Wesen und erhebt mich in eine unbeschreibliche, erhabene Ekstase im vollkommenen Einssein mit Ihm. In diesem Licht erkenne ich mich als das, was ich schon immer war, bin und sein werde. Ich bin zeit- und raumlose Ewigkeit, grenzenloses Sein und absolutes Bewußtsein. Neugeboren bin ich – wiedergeboren – auferstanden von den Toten.[22]

Ich will dem Durstigen umsonst aus dem Quell des Lebenswassers geben. Alle dunklen Kräfte werden durch ein läuterndes Feuer gewandelt.

Das himmlische Jerusalem

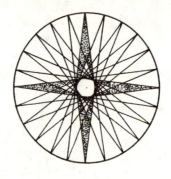

Himmlische Vollendung und Neuordnung der Schöpfung

Wasser des Lebens

Lebensbaum – zwölfmal Früchte – jeden Monat
eine Frucht

Das himmlische Jerusalem

Da kam einer von den sieben Engeln mit den sieben Schalen, die mit den letzten sieben Plagen angefüllt waren. Er
sprach zu mir: Komm her, ich will dir die Braut zeigen, die
Gattin des Lammes. Er entrückte mich im Geiste auf einen
großen, hohen Berg und zeigte mir die Heilige Stadt, wie sie
aus dem Himmel von Gott her herabkam, in der Herrlichkeit Gottes. Ihr Lichtglanz war gleich dem kostbarsten
Steine, wie kristallklarer Jaspisstein. Sie hatte eine große,
hohe Mauer mit zwölf Toren. Auf den Toren standen zwölf
Engel, und Namen waren darauf geschrieben, nämlich die
der zwölf Stämme der Söhne Israels. Von Osten drei Tore,
von Norden drei Tore, von Westen drei Tore und von
Süden drei Tore. Die Stadtmauer hatte zwölf Grundsteine
und auf ihnen die Namen der zwölf Apostel des Lammes.
Der mit mir redete, hatte als Maß ein goldenes Rohr, um
die Stadt, ihre Tore und ihre Mauer zu messen. Die Stadt ist
im Viereck gebaut, und ihre Länge ist wie die Breite. Er
maß die Stadt mit seinem (goldenen) Rohre auf 12 000 Stadien: Länge, Breite und Höhe sind bei ihr gleich. Er maß
ihre Mauer auf 144 Ellen nach Menschenmaß, das auch
Engelmaß ist. Der Einbau ihrer Mauer war Jaspis, und die
Stadt reines Gold gleich reinem Glase. Die Grundsteine der
Stadtmauer waren mit allerlei Edelsteinen verziert: der
erste Grundstein Jaspis, der zweite Saphir, der dritte Chal-
zedon, der vierte Smaragd, der fünfte Sardonyx, der sechste
Karneol, der siebte Chrysolith, der achte Beryll, der neunte
Topas, der zehnte Chrysopras, der elfte Hyazinth, der
zwölfte Amethyst. Die zwölf Tore waren zwölf Perlen, jedes einzelne Tor war aus einer einzigen Perle. Die Straßen
der Stadt waren reines Gold wie durchsichtiges Glas.
Einen Tempel sah ich nicht in ihr. Denn der Herr, der allmächtige Gott und das Lamm ist ihr Tempel. Die Stadt
bedarf weder der Sonne noch des Mondes, daß sie ihr
leuchten. Denn die Herrlichkeit Gottes erleuchtet sie. Ihre

– 167 –

Leuchte ist das Lamm. Die Völker wandeln in ihrem Lichte, und die Könige der Erde bringen ihre Herrlichkeit (und Kostbarkeit) in sie hinein. Ihre Tore werden bei Tage nicht geschlossen. Dort gibt es keine Nacht mehr. Man wird die Herrlichkeit und Kostbarkeiten der Völker in sie hineinbringen. Doch nichts Unreines darf in sie eingehen: keiner, der Greuel und Lüge übt, sondern nur die, die im Lebensbuche des Lammes stehen.

Alle anderen Bilder von Bedrängnis und Not verblassen angesichts dieser Vision eines himmlischen Jerusalems. Wie trostreich zeigt dieses Bild die innige Verbindung und Zuwendung des göttlichen Liebesstromes zum einzelnen Menschen oder zur ganzen Menschheit. Lichterfüllte Menschen werden eins mit dem kosmischen Christus-Geist nach einer mühevoll errungenen Höherentwicklung durch die letzten Stufen der sieben Plagen. Sie werden zur *Braut*, zur *Gattin* des *Lammes*. Jetzt verwirklicht sich die himmlische Ordnung in der Seele der Menschen. Das kosmische Licht enthüllt sich und senkt sich in die erleuchtete Seele ein. Es bleibt nicht länger verborgen und läutert die Sphären der irdischen Welt. Johannes sah *die Heilige Stadt, wie sie aus dem Himmel von Gott her herabkam.*

Wie aus zarten, durchscheinenden Edelsteinen ist die Stadt gebaut. Die Beschreibung der Himmelsrichtungen und Maße der Stadt lehnen sich an das Buch Ezechiels: »... die Tore der Stadt sind nach den Stämmen Israels benannt ...« (48, 31a). Keine äußeren Tempel braucht es in der neuen Stadt, denn der Mensch selbst lebt in einem lichterfüllter Tempel. Das Licht der geistigen Liebessonne – der kosmische Christus – erfüllt ihn, *denn der Herr, der allmächtige Gott und das Lamm ist ihr Tempel.*

Auf wunderbare Weise wird hier die Einheit mit der göttlichen Lichtsphäre geschildert, die alle Glückseligkeit enthält. Hier begegnen wir dem wahren Zuhause, die lichtvollen Menschen sind erfüllt von der Gegenwart der absoluten vollkommenen Wahrheit. Das Leben liegt in den Händen der göttlichen Fügung. Alles Tun der Menschen ist in Verbindung zu diesem Licht der Liebe, und alle Kräfte fließen unbehindert aus dieser innigen Verbindung. Die seelische Reinheit spiegelt sich in allem. Wie ein klarer Kristall fließt das Wasser des Lebens als funkelnde Lichtatome in alle Bereiche des Daseins. Die Menschen stehen ganz im Licht und sind eins mit dem Licht. *Ihre Leuchte ist das Lamm.*

Die neue Stadt ist Sinnbild einer geistigen Sphäre, die keiner Sonne und keines Mondes bedarf, denn sie wird vom göttlichen Licht erhellt. *Ihre Tore werden bei Tage nicht geschlossen. Dort gibt es keine Nacht mehr.* Diese innige Verbindung könnte jedoch durch negative Gedanken getrübt werden. *Doch nichts Unreines darf in sie eingehen.*

Diese Sphäre gehört denjenigen Seelen, die *im Lebensbuche des Lammes,* d. h. im lebendigen Lichtstrom der kosmischen Weisheit und Intelligenz stehen. Die Kraft der Liebe hat das Seelenlicht entfaltet und das innere Licht leuchtet klar und rein.

Das neue Zeitalter des Wassermanns öffnet zusehends diese wunderbare Lichtsphäre. Dieses Bild ist ein Trost auf dem mühseligen Pfad der inneren Entwicklung. Das ersehnte Ziel ist das unendliche göttliche Licht der Liebe.

Nicht auszuschließen jedoch ist die Möglichkeit, daß der Planet Erde durch eine Feuerkatastrophe tatsächlich zerstört wird. Das neue Jerusalem wäre dann die neue Heimat für die geläuterten Seelen der Menschen. Die Größe der würfelförmigen Wohnstätte weist die beachtlichen Maße von 2160 km Breite und Höhe auf. Die kostbaren, edelsteinbesetzten Mauern messen 75 Meter. *Die Völker wandeln in ihrem Lichte, und die Könige der Erde bringen ihre Herrlichkeit in sie hinein.*

Seligkeit der Heiligen

Dann zeigte er mir einen Strom vom Wasser des Lebens, der wie Kristall glitzerte. Er floß aus dem Throne Gottes und des Lammes hervor. Auf beiden Seiten des Stromes, halbwegs zwischen ihm und der Straße, stand der Lebensbaum, der zwölfmal Früchte trägt und jeden Monat seine Frucht bringt. Die Blätter des Baumes dienen zur Heilung der Völker. Keinerlei Bannfluch wird es mehr geben. Der Thron Gottes und des Lammes wird in ihr sein, und seine Knechte werden ihm voll Ehrfurcht dienen. Sie schauen sein Antlitz. Sein Name steht auf ihrer Stirne. Nacht wird nicht mehr sein. Man braucht kein Lampen- und Sonnenlicht. Denn Gott der Herr spendet ihnen Licht. Und sie herrschen in alle Ewigkeit.

Johannes schenkt uns einen Einblick in eine wunderbare geistige Sphäre. Das *Wasser des Lebens* ist verströmende Lichtenergie des Allerhöchsten oder Himmelsvaters. Die Quelle des Lichtes ist eine schöpferisch strahlende Licht-Sonne, deren Abbild unsere irdische Sonne ist. Der Lebensstrom ergießt sich wie glitzernde Lichtatome aus dem Thron auf zwei Seiten. Die Weisen des Ostens benennen die zwei Lebenskräfte Yin und Yang, ausgehend aus der Einheit des Tao. In der Mitte steht der Lebensbaum und zeugt vom Einklang zwischen Himmel und Erde oder Geist und Materie. Hier wirken die Engel mit feinsten Strömungen und Inspirationen. ... *der zwölfmal Früchte trägt und jeden Monat seine Frucht bringt.* Die Zahl Zwölf ist Sinnbild einer glückbringenden Vollendung und Vereinigung der irdischen Vier und der göttlichen Drei. Aus diesen beiden Zahlen setzt sich die Zahl Zwölf zusammen wie auch die Sieben. Der Lebensbaum ist ein Sinnbild für die Verbindung von Licht und Materie. Christus, das Licht dieser Welt, steht inmitten des Lebensbaumes. Die geistigen Kräfte wirken nach einer rhythmischen Lichtverströmung.

Die Blätter des Lebensbaumes verströmen ein heilendes Fluidum.

Im feinstofflichen Körper des Menschen spiegelt sich dieses Lebensgesetz. Der Lebensbaum zeigt sich hier als mittlerer Kanal Sushumna, der in der Wirbelsäule von den beiden Strömen Ida und Pingala umgeben ist. Durch diesen Kanal fließt die Kundalini-Energie aus dem Wurzelchakra hinauf zum Kronenchakra und schenkt die Verbindung zum göttlichen Licht, wenn alle Chakras geläutert sind. Wie alles Wachsende in der Natur zum Licht der Sonne emporstrebt, entfaltet sich die Seele durch das göttliche Liebeslicht.

Das innere Licht des Menschen ist immer hell – bei Tag und bei Nacht. Durch das Dritte Auge oder Stirnchakra ist das innere Licht und die geistige Welt sichtbar. *Sie schauen sein Antlitz. Sein Name steht auf ihrer Stirne.* Diese innige Gottesverbindung, die hier aufgezeigt wird, ist höchste Glückseligkeit und Wonne des vollkommenen Menschen. Die Seele badet entzückt in den Wogen des Liebeslichtes, *denn Gott der Herr spendet ihnen Licht.* Raum und Zeit verschmelzen in der Einheit und Unendlichkeit des göttlichen Lichtes. *Und sie herrschen in alle Ewigkeit.*

Das nachfolgende Gedicht stammt aus dem frühchristlichen Manichäen Psalmbook, das 1930 mit dem Thomas Evangelium in Medînet Mâdi, Ägypten, gefunden wurde. Die erwähnte Licht-Stadt erinnert an das oben beschriebene Himmlische Jerusalem.

Der Reigen Deiner Söhne in der Höhe
läßt Musik erschallen Dir zur Ehre.
Ich trage den Erdenkörper, die Schöpfung der Todes-
natur,
während ich schauen darf die Stätte des Lichtes:
Den Ort des Reigens der Unsterblichen.
Die Licht-Stadt, die niemals Verwesung noch Zerfall
kennt.
Seht, nun bin ich gewaschen mit reinen Äthern.
Befreit bin ich von allem Unreinen,
was der Materia, der »Hylä«, angehört.
Denn das Heer des Lichtes hilft mir von allen Seiten.
So habe ich mich befreit
von den bitteren Wassern des Unheils,
und ich gelangte in den Hafen,
noch ehe die See stürmisch wurde.
Nicht durchnässt bin ich
von den salzigen Wassern irdischer List.
Vom Feuer der Unersättlichkeit ließ ich mich nicht
fangen.
Nicht unterjochen konnte mich
das irdische Leben mit seinen Sorgen und Wunden,
die durch das Gift des Neides und der Habgier
entstehen.
Die Welt der Trübsal, die in meinen Augen ohne Wert
ist, habe ich aufgegeben.
Ich eile zur Stadt der Gerechten.[23]

Bestätigung des Buches

Und er sprach zu mir: Diese Worte sind zuverlässig und wahr. Gott, der Herr der Prophetengeister, hat seinen Engel gesandt, seinen Knechten zu zeigen, was bald geschehen soll. Siehe, ich komme bald. Selig, wer die Worte der Weissagung dieses Buches bewahrt.

Ich, Johannes, bin es, der dies gehört und gesehen hat. Als ich es gehört und gesehen hatte, fiel ich dem Engel, der mir dies zeigte, zu Füßen, um ihn anzubeten. Er sprach zu mir: Nicht so! Ich bin nur dein und deiner Brüder Mitknecht, der Propheten und derer, die die Worte dieses (prophetischen) Buches bewahren. Gott bete an!

Dann sprach er zu mir: Versiegle nicht die Worte der Weissagung dieses Buches, denn die Zeit ist nahe. Wer frevelt, möge weiter freveln, der Schuldbefleckte sich weiterhin beflecken. Aber auch der Gerechte möge weiter Gerechtigkeit üben und der Heilige sich noch weiter heiligen.

Siehe, ich komme bald und mein Lohn mit mir, um einem jeden nach seinem Tun zu vergelten. Ich bin das Alpha und das Omega, der Erste und der Letzte, der Anfang und das Ende. Selig, die ihre Kleider (im Blute des Lammes) waschen, um ein Anrecht auf den Baum des Lebens zu haben und durch die Tore in die Stadt einzugehen. Draußen bleiben die Hunde, die Zauberer, die Unzüchtigen, die Mörder, die Götzendiener und alle, die die Lüge lieben und üben.

Ich, Jesus, habe meinen Engel gesandt, euch dies für die Gemeinden zu bezeugen. Ich bin die Wurzel und der Sproß Davids, der glänzende Morgenstern.

Der Geist und die Braut sprechen: Komm! Wer es hört, der spreche: Komm! Und wen dürstet, der komme. Wer Verlangen hat, empfange das Wasser des Lebens umsonst.

Ich bezeuge jedem, der die Worte der Weissagung dieses Buches hört: Wer etwas hinzufügt, dem wird Gott die Plagen zufügen, die in diesem Buch beschrieben stehen. Wer

— 173 —

*etwas von den Worten des Buches dieser Weissagung weg-
nimmt, dem wird Gott seinen Anteil am Baume des Lebens
und an der Heiligen Stadt wegnehmen, von denen in diesem Buche geschrieben steht.*
*Der dies bezeugt, spricht: Ja, ich komme bald. Amen.
Komm, Herr Jesus.*
*Die Gnade des Herrn Jesus (Christus) sei mit allen Heili-
gen. Amen.*

Die Bilder dieser großartigen Visionen des Johannes, aufgeschrieben von seinem Schüler Prochoros, veranschau-
lichen auf dramatische Weise Bilder der Seele auf dem Weg
zum inneren Licht. Sie stellen einen Einweihungsweg dar
mit allen Schwierigkeiten, die es zu überwinden gibt. Doch
als Belohnung wartet eine unermeßliche Glückseligkeit. Die
Bilder spiegeln zudem eine himmlische Ordnung, nach der
die ganze Schöpfung in großer Weisheit Gestalt annimmt:
Die Erde ist eingebettet in eine größere Ordnung, und der
Mensch ist ein Abbild des Großen.

Johannes bekam seine Inspirationen von einem Engel,
der im Auftrage Gottes stand, der über die *Prophetengeister* herrscht. Der Engel diente Johannes mit der Aufforderung, die Worte der Weissagung zu verbreiten. Der Engel
untersteht und wird gesandt von Jesus – die menschgewor-
dene große Weltenseele des kosmischen Christus. Das in
allem innewohnende kosmische Christus-Licht ist *das
Alpha und das Omega, der Erste und der Letzte, der
Anfang und das Ende.* Die seelische Lichtentfaltung fördert
das innere Wachstum, und nur durch die Verwirklichung
des geistigen Liebesprinzipes erlangt die Seele Erleuchtung.
*Selig, die ihre Kleider waschen, um ein Anrecht auf den
Baum des Lebens zu haben und durch die Tore in die Stadt
einzugehen.* Dieses Ziel ist nicht erreichbar, wenn gegen das
Prinzip der Liebe verstoßen wird. *Ich bin die Wurzel und
der Sproß Davids, der glänzende Morgenstern.* Venus ist
der liebliche Morgenstern, den die Griechen Phosphoros,

Lichtträger nannten. Das Christus-Licht ist eine mächtige Liebesenergie, die von einer unsichtbaren Welt ausströmt und in die ganze Schöpfung einfließt. Der Mensch und die ganze Schöpfung ist eine innige Vermählung zwischen Geist und Materie. *Der Geist und die Braut sprechen: Komm!* Jeder, der sich nach dem Licht der Liebe sehnt und darum bittet, wird sofort davon erfüllt und bereichert. *Wer Verlangen hat, empfange das Wasser des Lebens umsonst.*

Die Offenbarungen des Johannes wurden bereits in der frühchristlichen Zeit unterschiedlich aufgefaßt. Die Worte *Siehe, ich komme bald und mein Lohn mit mir, um einem jeden nach seinem Tun zu vergelten,* gaben Anlaß zu Kirchenspaltungen. Der Chiliasmus verbreitete die Lehre von einer tausendjährigen Herrschaft Christi auf Erden. Im Mittelalter wurde diese Ansicht vom italienischen Theologen Joachim von Fiore am deutlichsten formuliert: »Auf das Zeitalter des Vaters folgt die Zeit des Sohnes. Danach sollte das tausendjährige Zeitalter des Geistes anbrechen.«[24]

Wenn die Offenbarungen des Johannes jedoch als seelischer Einweihungsweg betrachtet werden, ist das tausendjährige Reich Sinnbild für seelische Vollkommenheit, das an keine irdische Zeit gebunden ist. Die Visionen zeigen jedoch auch alle Gefahren, die den inneren Weg des Lichtes behindern.

Erstaunlicherweise werden Bilder unserer heutigen Zeit mit unzähligen materiellen Errungenschaften gezeigt und trotzdem – oder gerade deshalb – zeigen sich große seelische Nöte. Wie bereits erwähnt, stehen wir inmitten eines Wandlungsprozesses, in dem alte Werte durch neue ersetzt werden und eine tiefe Spiritualität die Menschen erfüllen wird. Die Apokalypse zeigt auf eindrückliche Weise eine Welt, die keinen Bestand haben kann, wenn sie sich vom geistigen Gesetz der Liebe und Weisheit entfernt. Die Intelligenz und Gerechtigkeit der Geisteskraft jedoch bestimmt über alles Leben dieser Welt. Sie korrigiert, wo die Gesetze verletzt werden. Ein anderer, glücksverheißender Weg wird aufgezeigt, der spirituelle Weg, der eine starke Rückverbindung zur höchsten Quelle von Licht und Freude schenkt. In diesem Sinne sind die Visionen des Johannes eine Frohbotschaft für jeden spirituell Erwachten.

Sage in deinem Herzen:

Wir halten alle Menschheit in das goldene Licht des Christus-Sterns und sehen, wie die Macht des Sohnes Gottes in den Herzen der Menschen wirkt.

Wir erschauen den leuchtenden Stern, mit der Gestalt des kosmischen Christus in seiner Mitte. Er strahlt Gottes Heilkraft und Geist der Liebe aus für alle Menschheit.

Wir halten alle Menschen, die um Hilfe und um Heilung bitten, in dieses goldene Heilungs-Licht.

Möge Gott unser Werk segnen.[25]

Meditation

WEG ZUM INNEREN LICHT

Einen Moment lang lege ich alles beiseite, alle Gedanken über gestern und morgen lasse ich los und achte nur auf diesen jetzigen Augenblick. Ich ruhe in mir selbst. Entspannt achte ich auf meinen Atemstrom. Beim Aus des Atems verströmt sich eine wunderbare Lichtenergie vom Kopf bis zu den Füßen. Beim Ein bin ich Gefäß, es füllt sich von den Füßen bis zum Kopf.

Wie ein Baum verwurzelt ist mit dem Boden, Wasser und Nährsalze hinaufströmen läßt und sich mit jeder Pore eines jeden Blättchens zum Licht der Sonne öffnet – so bin ich mit der Kraft der Erde verbunden und öffne mich zur geistigen Lichtquelle des Himmels. Himmel und Erde atmen mich.

In aller Stille betrachte ich das Wachstum meines Seelenbaumes. Als kleines Samenkorn wartet er in der Dunkelheit auf die wärmenden Strahlen der Liebe. Der Durchbruch aus der Dunkelheit ist oft schmerzhaft – wie eine harte Kruste, die mit Leiden und Kraft durchbrochen werden muß. Doch das Licht wird immer stärker und entfaltet alle meine seelischen Anlagen wie aufgehende Lotosblüten in den schönsten Farben des Regenbogens. Schritt für Schritt öffnen sie sich – bestrahlt vom himmlischen Licht.

Zuerst entfaltet sich meine rote Blüte am untersten Punkt der Wirbelsäule. Sie verbindet meinen Körper mit der Kraft der Erde und ist mein Wurzelchakra.

Dann entfaltet sich meine orange Blüte im Unterbauch. Sie schenkt mir die Möglichkeit liebevoll auf das Du und auf die Mitmenschen zuzugehen. Sie verbindet mich mit dem Element Wasser und ist mein Sexualchakra.

Dann entfaltet sich meine gelbleuchtende Blüte im Oberbauch. Sie hilft mir, mich in einem sozialen Umfeld zu integrieren – aber auch Nahrung und das Licht der Sonne in meinem Körper zu verteilen. Das Element Feuer wirkt in meinem Solarplexuschakra.

Dann entfalten sich viele grüne Blätter in meinem Liebeszentrum, dem Herzchakra. Das Element Luft zeigt mir die Leichtigkeit und Zartheit der Herzenskraft, ohne Luft gibt es kein Leben. Mein Lebensbaum wurzelt in der Erde und öffnet sich zum himmlischen Licht. Zarte Lichtstrahlen entfalten nun meine schönste, größte Lotosblüte in einem zarten Rosa. Hier vermählt sich das Licht des Himmelsvaters mit der Erdenmutter und läßt in mir das Christus-Licht als starke Kraft der Liebe wachsen. Die Kraft der Liebe und des Friedens sind wie glitzernder Tau des Himmels, der mich läutert. Ich bin Gefäß dieses himmlischen Taus, es lenkt mein Tun, es lenkt alle meine Aktivitäten.

Das Blau des Himmels zeigt sich in meiner hellblauen Lotosblüte des Halschakras, das Zentrum der Weisheit und Intuition. Es ist die Pforte zum Himmlischen Jerusalem. In tiefer Verbundenheit zum inneren Licht lausche ich in mein Inneres, Gott spricht leise zu mir.

Dunkelblau ist der Urgrund der Stille meiner Lotosblüte in der Mitte meiner Stirn, meinem Dritten Auge. Ich betrachte in großer Stille die Bilder und Farben, die mir meine göttliche Führung zeigen möchte. Nichts trennt mich mehr weder von meinen Mitmenschen noch von der ganzen Schöpfung. Ich fühle das Einssein mit allem. Alles, was mir begegnet, zeigt mir meinen seelischen Zustand wie ein großer Spiegel.

Eine wundervolle, violette Lotosblüte öffnet sich am obersten Punkt meines Kopfes zur Quelle des weißen Lichtes, das den ganzen Lebensbaum zur Entfaltung bringt. Alle Blüten leuchten wie ein Regenbogen im strahlenden Licht.

Das weiße, strahlende Licht ist das Ziel meines Wachstums. Ohne diese wunderbare Lichtquelle gedeiht gar nichts. Immer mehr wirkt es durch alle Ebenen meines Seins. Es wirkt in meinen Gedanken versöhnend und verzeihend. In meinen Gefühlen wirkt es friedlich und freudig und mein Körper wird durchströmt von Lebenskraft und Energie. Ich stehe im Lichtstrahl der göttlichen Liebe. Alle Blockaden in meinem Energiesystem lösen sich auf wie dunkle Wolken, die von einer frischen Brise vertrieben werden.

Manchmal werde ich aufgehalten in meinem seelischen Wachstum. Mein kleines Ich hat Wünsche nach Haben und Prestige in der äußeren Welt und liegt oft im Widerspruch mit dem Höheren Selbst, das nur Liebe kennt. Kummer, Ängste und Sorgen zeigen mir, daß das Licht der Liebe getrübt ist. Seelisches Leid führt mich mit großer Weisheit zurück in den göttlichen Lichtstrahl.

Ich bin ein Kind des Himmels und der Erde. Die Erde nährt meinen Körper, doch das Licht des Himmels durchdringt den Körper und macht ihn zum Tempel des Lichtes. Kleine Lichtatome erstrahlen in mir, und mitten in meinem Lebensbaum strahlt das Christus-Licht mit großer, unendlicher Liebe.

Ich werde befruchtet vom glückseligen Nektar aus der Quelle des höchsten Thrones, aus dem Urgrund allen Seins. Nichts in dieser Welt kann meinen Weg zum inneren Licht aufhalten, denn ich bin ein Teil davon. Mein Lichtgewand leuchtet strahlend weiß, und das verheißene Siegel öffnet für immer den Lichtstrahl der göttlichen Liebe.

Mögen alle Leser dieses Buches erfüllt werden vom Licht der Liebe!

Gebete und Perlenlieder

Wir verschließen die Tore unserer Sinne 38
Gelassenheit 57
Das schlichte Zu-Hause der Liebe 60
Sobald also mein leuchtendes Gewand kommt 70
Der Friede der Sphären 73
Lichtkreuz 75
Seelenläuterung nach gnostischen Schriften 92
Ich bin ein duftendes Samenkorn 101
Sei ein Freund des Hymnus 117
Wenn Du, mein geliebter Gott 123
O gütiger, großer Gott 127
Geht fort 137
O Gott, Vater alles Lebendigen 140
Das Hochzeitslied 153
Der Reigen Deiner Söhne 172
Sag in Deinem Herzen 176

Abbildungen

Chakras oder Energiezentren 25
Göttliche Lichtverströmung 39
Sieben Siegel 63
Sieben Posaunen 79
Sieben Zornschalen 124
Das himmlische Jerusalem 166

Quellennachweis

1 Wolfgang Kopp: *Befreit euch von allem*, S. 15
2 Garma C. C. Chang: *Die buddhistische Lehre von der Ganzheit des Seins*, S. 230
3 P. J. Perk: *Das neue Testament*, S. 258
4 E. Szekely: *Das geheime Evangelium der Essener*, S. 44
5 White Eagle, Meditation, S. 81
6 White Eagle: *Gebete im neuen Zeitalter*, S. 24
7 Manfred Lurker: *Die Botschaft der Symbole*, S. 98
8 White Eagle: *Gebete im neuen Zeitalter*, S. 25
9 ebenda, S. 68
10 Christa Maria Siegert: *MANI-Perlenlieder*, S. 132
11 White Eagle, *Gebete im neuen Zeitalter*, S. 24
12 Christa Maria Siegert: *MANI-Perlenlieder*, S. 91
13 ebenda, S. 38
14 Christa Maria Siegert: *MANI-Perlenlieder*, S. 163
15 Richard Wilhelm: *I Ging,* S. 30–31
16 Christa Maria Siegert: *MANI-Perlenlieder*, S. 57
17 Wolfgang Kopp, *Befreit euch von allem*, S. 150
18 White Eagle: *Gebete im neuen Zeitalter*, S. 35
19 Christa Maria Siegert: *MANI-Perlenlieder*, S. 133
20 White Eagle: *Gebete im neuen Zeitalter*, S. 21
21 Otto Betz / Tim Schramm: *Perlenlied und Thomas-Evangelium*, S. 119
22 Wolfgang Kopp: Befreit euch von allem, S. 145
23 Christa Maria Siegert: *MANI-Perlenlieder*, S. 96
24 *Meyers Großes Standard Lexikon*, S. 368
25 White Eagle: *Gebete im neuen Zeitalter,* S. 47

Literatur

Betz, Otto: *Das Geheimnis der Zahlen*, Stuttgart 1989

Betz, Otto / Schramm, Tim: *Perlenlied und Thomas-Evangelium*, Zürich 1993

Braun, Lucien: *Paracelsus*, Luzern 1988

Chang, Garma C. C.: *Die buddhistische Lehre von der Ganzheit des Seins*, München 1989

Chung-yuan, Chang: *Tao, Zen und schöpferische Kraft*, München 1987

Die Heilige Schrift des Alten und des Neues Testamentes, Zürich 1947

Fiedeler, Fran: *Yin und Yang: das kosmische Grundmuster in den Kulturformen Chinas*, Köln, 1993

Greene, Liz / Sharman-Burke, Juliet: *Delphisches Tarot*, München 1986

Heinz-Mohr, Gerd: *Lexikon der Symbole*, Freiburg 1991

Huber, Paul: *Athos*, Zürich 1978

Kopp, Wolfgang: *Befreit euch von allem*, Interlaken 1994

Ladner, Gerhart B.: *Handbuch der frühchristlichen Symbolik*, Stuttgart 1992

Lurker, Manfred: *Die Botschaft der Symbole*, München 1990

Mertz, B. A.: *Ansata-Tarot*, Interlaken 1987

Meyers Großes Standard Lexikon 1–3, Mannheim 1982

Perk, Johann P.: *Das Neue Testament*, Einsiedeln 1948

Roob, Alexander: *Alchemie und Mystik*, Köln 1996

Schult, Arthur: *Maria-Sophia*, Bietigheim 1986

Siegert, Christa Maria (Hrsg.): MANI-Perlenlieder, Cadolzburg 1985

Steiner-Geringer, Mary: *Tarot als Selbsterfahrung*, München 1985

Ströter, Jutta: *Engel*, Stuttgart 1985

Swedenborg, Emanuel: *Erklärte Offenbarung*, Frankfurt 1882

Symbole, Freiburg 1990

Székely, E.: *Das geheime Evangelium der Essener*, Südergellersen 1984

Tame, David: *Die geheime Macht der Musik*, Zürich 1991

Thali, Trudi: *Das Vaterunser als Chakra-Meditation*, Freiburg 1992

White Eagle: Gebete im neuen Zeitalter, Grafing 1989

White Eagle: Der Weg zum höheren Selbst, Grafing 1989

White Eagle: Meditation, Grafing 1989

Wilhelm, Richard: *I Ging*, München 1973

Bitte beachten Sie die nachfolgenden Seiten

Von Trudi Thali
sind bisher im Verlag Hermann Bauer
erschienen:

Trudi Thali

Das Vaterunser als Chakra-Meditation

176 Seiten mit zahlreichen Zeichnungen
und 8 Farbabb., gebunden.
ISBN 3-7626-0452-5

In diesem faszinierenden Erstlingswerk Trudi Thalis
geht es um die Synthese zwischen dem höchsten
Gebet der christlichen Welt und den sieben Haupt-
energiezentren des menschlichen Körpers, wie sie
uns das Wissen des Ostens zugänglich gemacht hat.
Ost und West, rechte und linke Gehirnhälfte, Kun-
dalini-Erfahrung und das Friedensevangelium der
Essener – hier werden Gemeinsamkeiten und Möglichkeiten deutlich.
Ein Buch, das beitragen wird, die Kluft zwischen
Christentum und Esoterik schließen zu helfen. Ein
sehr klares Werk für jeden spirituell Suchenden.

Verlag Hermann Bauer · Freiburg im Breisgau

Von Trudi Thali
sind bisher im Verlag Hermann Bauer
erschienen:

Trudi Thali

Das Vaterunser als Chakra-Meditation

CD ISBN 3-7626-8739-0
MC ISBN 3-7626-8674-2

Spieldauer ca. 60 Minuten

Trudi Thali

Sanctus Vision

Geführte Meditation

CD ISBN 3-7626-8727-7
MC ISBN 3-7626-8726-9

Spieldauer ca. 50 Minuten

Verlag Hermann Bauer · Freiburg im Breisgau

Verlag Hermann Bauer · Freiburg im Breisgau

Joan Borysenko

Ein Wunder täglich

Gebete, Meditationen und Affirmationen
für das ganze Jahr

468 Seiten, gebunden.
ISBN 3-7626-0518-1

Persönliche Kraft und Beistand aus den Zyklen der
Natur zu schöpfen ist das Ziel dieses hilfreichen Be-
gleiters für die tägliche spirituelle Praxis. Die wir-
kungsvollsten Meditationen, Affirmationen, Übungen
und Gebete aus allen großen spirituellen Traditionen
der Welt helfen, Ängste loszulassen, Mitleid in Mitgefühl zu verwandeln, Selbst- und Gottvertrauen zu
entwickeln. So kann täglich ein »Wunder« geschehen – die Veränderung unserer Wahrnehmung, unserer Sichtweise, die zur unmittelbaren Erfahrung des
Göttlichen führt – auch im Alltag.

»Der Frieden auf Erden beginnt
mit dem Frieden in unserer Seele.«
Joan Borysenko

Verlag Hermann Bauer · Freiburg im Breisgau

Verlag Hermann Bauer · Freiburg im Breisgau

Ted Andrews

Mit Engelkräften göttliches Bewußtsein entfalten

Christliche Mysterien in neuem Licht

288 Seiten mit 3 Abbildungen,
kartoniert. ISBN 3-7626-0559-9

Engel und Erzengel sind bestrebt, unser spirituelles
Wachstum zu unterstützen. *Ted Andrews* macht uns
mit Ritualen und Meditationen vertraut, die es uns
im Zyklus der Jahreszeiten ermöglichen, mit den
durch diese himmlischen Kräfte wirkenden Christus-
energien Verbindung aufzunehmen.
Die von ihm vorgestellten Übungen stehen in enger
Beziehung zu den alten Mysterien des Christentums
und seinen Feiern im Wechsel der Jahreszeiten. Mit
ihrer Hilfe können wir wieder ein Gleichgewicht
schaffen zwischen männlichen und weiblichen Energien, damit das heilige Kind in jedem von uns geboren werden kann.
Der erfolgreiche Autor *Ted Andrews* gibt uns durch
dieses Buch nicht nur einen Schlüssel zum Verständnis vom Wesen und Wirken der Engelkräfte in die
Hand, sondern auch zum esoterischen Verständnis
der Personen und Ereignisse im Leben Jesu.

Verlag Hermann Bauer · Freiburg im Breisgau

Das führende Magazin für Neues Denken und Handeln

Das Bewußtsein bestimmt die Welt um uns herum. Vom Bewußtsein hängt es ab, ob Sie ein glückliches, sinnerfülltes oder scheinbar glück- und „sinnloses" Leben führen. Es prägt unser Denken und Handeln.

Das ist das Spezialgebiet von **esotera**: das „Wesentliche" des Menschen, sein Bewußtsein, seine verborgenen inneren Kräfte und Fähigkeiten. **esotera** gewährt Einblick in die „wahre Wirklichkeit" hinter dem „Begreifbaren".
Und gibt Antworten auf die brennende Fragen, die irgendwann jeden zutiefst bewegen: Woher kommen wir? Wohin gehen wir?

esotera weist Wege aus der spirituellen Krise unserer Zeit. Wege zu einem erfüllteren Dasein: mit kompetenter Berichterstattung über neueste und uralte Erkenntnisse, mit faszinierenden Reportagen, aktuellen Serien und praktischen Info-Rubriken: z.B. Literatur-, Musik- und Video-Besprechungen, Leser-Forum, Marktnische usw.

Und jeden Monat das „KURS-BUCH", die umfangreichste Zusammenstellung esoterischer und spiritueller Veranstaltungen, Kurse, Reisen und Seminare weltweit – als kostenloses Extra zu jedem Heft dazu.

Die ständigen Themenbereiche in jedem Heft:
**Neues Denken und Handeln
Ganzheitliche Gesundheit
Spirituelle Kreativität
Esoterische Lebenshilfen
Urwissen der Menschheit
Paranormale Erscheinungen**

Im Zeitschriftenhandel. Oder Probeheft direkt vom

Verlag Hermann Bauer KG
Kronenstraße 2 - 4
79100 Freiburg

Telefon 0761 / 7082-111
Telefax 0761 / 701811
E-Mail: Hermann-Bauer-KG@T-Online.de